Mondnächte erzählen

Nina Stögmüller

Ein Lese- und Märchenbuch zu den vielen Gesichtern des Mondes

Impressum

Bibliografische Information der Deutschen Nationalbibliothek
Die Deutsche Nationalbibliothek verzeichnet diese Publikation
in der Deutschen Nationalbibliografie; detaillierte bibliografische
Daten sind im Internet über http://dnb.d-nb.de abrufbar.

©2013 Verlag Anton Pustet, 5020 Salzburg, Bergstraße 12
Sämtliche Rechte vorbehalten.

Illustrationen: Stefan Kahlhammer
Titelillustration: © Myotis 2013, mit Genehmigung von Shutterstock.com

Grafik, Satz und Produktion: Tanja Kühnel
Lektorat: Martina Schneider
Druck: Druckerei Theiss, St. Stefan im Lavanttal
Gedruckt in Österreich

ISBN 978-3-7025-0732-9

www.pustet.at

Inhaltsverzeichnis

8 **Vorwort**

9 **Einführung**

Sachbuchteil

10 ● **Mondmythen und Legenden**
    Die Wurzeln des Mondkultes
    Ist der Mond männlich
    oder weiblich?
    Mondgöttinnen
    Sonne und Mond –
    das ewige Himmelspaar

18 ● **Mondwissen**
    Es war einmal …
    der Mondkalender
    Mondphasen
    Der Mond und die Dreiheit
    Leben auf dem Mond

24 ● **Mondbräuche, Mondsymbole und Mondmagie**

25   **Mondbräuche**
    Kuchen für den Mond
    Mondbräuche und Gesundheit
    Liebesbräuche
    Honigmond
    Mondpflanzen sollen die
    Fruchtbarkeit steigern
    Arbeiten bei Mondlicht

28   **Mondsymbole**
    Mondsichel als Glückssymbol
    Mondmetall Silber
    Mondstein
    Mondbaum Weide

30	**Mondmagie**		

30 **Mondmagie**
   Der Mond und die Magie
   Der Mond und die Werwölfe

32 ◐ **Namensgeber Mond**
   Mondsee
   Die Mondteiche
   in der Blockheide

34 ◐ **Der stille Mond**
   Mondbetrachtung
   zum Stillwerden
   Mondmeditation

36 ◯ **Der Mond und
   die Wissenschaft**
   Die Entstehung des Mondes
   Der Mond und die Erde
   Die Gezeiten – der Tanz
   zwischen Erde und Mond
   Darf ich bitten?
   Mondfinsternis
   Mondbeben
   Mondstaub
   Männer auf dem Mond
   Müll und Kunst auf dem Mond

41 ◯ **Monddaten auf einen Blick**

Märchenbuchteil

42 ◯ **Wie alles begann**
   Der Himmelstanz
   Wie sich die Sonne
   in den Mond verliebte
   Als sich Sonne und Mond
   noch trafen
   Warum der Mond
   kein Planet sein kann

48 ◯ **Der Mondstaub**
   Die Mondfee
   Das Mondtierchen
   Die böse Hexe
   und der Mondstaub
   Das Lebensgewürz
   Der Mondsee
   Die Mondteiche

62 ◑ **Der Mond und die Liebe**
   Die Mondkuh
   Das Mondmädchen
   Der Prinz und das Mädchen
   Die Rückseite des Mondes
   Der König und der Mond
   Der Mondkasten
   Der Mondstein-Zauber
   Daniel und die Liebe

- 86 **Was wir vom Mond lernen können**
  - Der stille Mond
  - Der vergessene Herzenswunsch
  - Das ungeduldige Mädchen
  - Das Nasenbohr-Märchen
  - Alle meine Gewohnheiten
  - Bist du in deinem Element?
  - Der ganze Mond
  - Der König der Trinität

- 106 **Mondweisheiten**
  - Der Kopfschmuck des Königs
  - Alles und nichts
  - Der Gast ist König
  - Der Gast ist König, Teil 2
  - Der Mondschatz
  - Die verwunschene Prinzessin
  - Die gute Mondmilch
  - Der Wunschbrunnen
  - Der Mondvogel

- 132 **Mutige Mondmärchen**
  - Die Bröseltante
  - Die drei Mondschwestern
  - Im Zwergenland
  - Der Mondtraum
  - Der Wolf und der Hase

- 148 **Dunkle Mondgeschichten**
  - Der Werwolf
  - Der dunkle Mond
  - Die falsche Zofe
  - Der Zauberlehrling

- 160 **Interview mit dem Mond**

- 167 **Schlussbemerkung**

Mondnächte erzählen

Seit die Menschen den Himmel beobachten, spielt der Mond dabei eine große Rolle. Viele Mythen und Legenden entstanden rund um unseren himmlischen Begleiter. Und höchstwahrscheinlich haben wir es sogar dem Mond zu verdanken, dass sich auf der Erde Leben entwickeln konnte.

Die Fakten rund um unseren Trabanten sind hoch spannend und haben immer auch etwas mit der Erde zu tun. Seit jeher hat der Mond die Fantasie der Menschen beflügelt. Das Staunen, das Entzücken und die romantischen Gefühle, die er bei vielen Menschen auslöst, wenn er so strahlend am Himmel steht, dieser märchenhafte „Mondaspekt" hat mich besonders inspiriert, dieses Buch zu schreiben.

Auch heute noch „himmeln" viele Menschen den Mond an. Der Mondkult der modernen Zeit holt das alte Wissen zurück und vereint es mit dem täglichen Leben.

Doch in diesem Buch erfahren Sie nicht, wie Sie mit dem Mond am besten gärtnern und wann Sie sich die Haare schneiden lassen sollen. Für dieses spezielle Mondwissen gibt es schon sehr viel Lesestoff auf dem Buchmarkt.

Dieses Buch möchte Geschichten erzählen über unser Verhältnis zum Mond. Mondmythen und wissenschaftliche Erkenntnisse finden genauso Platz wie der romantische Zugang. Neben Mondwissen finden Sie natürlich auch viele Märchen, die sich mit unserem himmlischen Nachbarn befassen und die einen liebevollen Blick nach oben erlauben.

Ich wünsche Ihnen eine schöne Zeit beim Lesen!

Ihre
Nina Stögmüller

Einführung

Der Mond übte schon immer eine große Anziehungskraft auf die Menschen aus. Er wurde verehrt und angebetet. Mondgöttinnen spielten dabei immer wieder eine Rolle, aber es gab auch Mondgötter. Das Christentum verdrängte schließlich die Mondgottheiten, doch erinnern noch heute viele Symbole und Rituale an die damalige Mondverehrung. Der „Montag" steht für den Tag des Mondes und auch das Wort „Monat" leitet sich vom Mond ab.

Man könnte meinen, dass die wissenschaftliche Beschäftigung mit dem Mond heute die zeitgemäße Variante der Mondverehrung darstellt. Doch auch diese Betrachtungsweise des Mondes geht schon sehr weit zurück. Bereits vor 3 000 Jahren konnten die Babylonier eine Mondfinsternis berechnen. Griechische Gelehrte bestimmten 150 Jahre v. Chr. die Entfernung zwischen Erde und Mond mit 400 000 Kilometern ziemlich genau. Sie erkannten außerdem, dass der Mond „scheint", indem er das Licht der Sonne reflektiert. Sie entdeckten weiters den Zusammenhang der wechselnden Mondphasen mit der Position der Sonne.

Der Wunsch, zum Mond zu fliegen, ist so alt wie die Menschheit selbst. Der griechische Schriftsteller Lucian ließ 150 n. Chr. seinen Helden Icaromenippus Adler- und Geierflügel anschnallen, mit deren Hilfe er auf den Mond fliegen konnte. Die Menschen dachten sich viele Geschichten aus, die alle davon handelten, auf den Mond zu reisen. So flog im 17. Jahrhundert ein gewisser Domingo Gonzales zum Mond, indem er sich an die Flügel wilder Schwäne band. Auch Cyrano de Bergerac beschäftigte sich mit der Mondfahrt. In seinem Buch „Die Reise zum Mond" (1656) schlug er sogar vor, Raketen für die Mondfahrt einzusetzen. 300 Jahre später war es dann wirklich so weit ...

Viele Schriftsteller befassten sich mit dieser Thematik, darunter etwa Edgar Allen Poe, der eine Reihe von Mondgeschichten schrieb, die sich jedoch mehr mit Gesellschaftskritik als mit dem Mond selbst befassten. Jules Vernes berichtete 1865 über die Reise „Von der Erde zum Mond" und landete damit einen Science-Fiction-Klassiker.

Mondmythen und Legenden

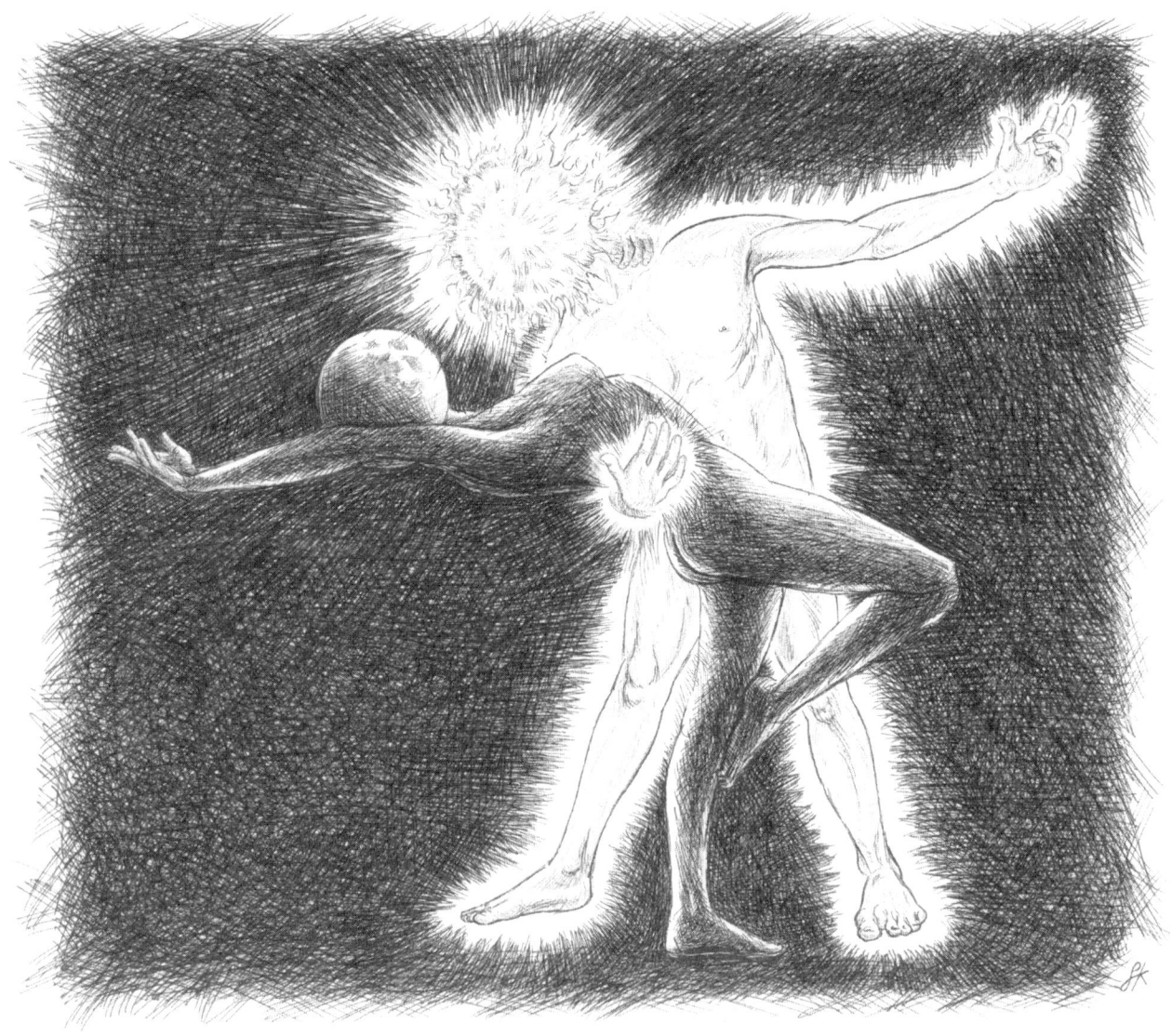

Mondmythen und Legenden über unseren himmlischen Nachbarn existieren seit Urzeiten und entwickelten sich auf der ganzen Welt. Der Mond steht für alles Wandelbare, für das Geheimnis des Lebens. Geburt, Wachstum, Verfall und Tod sind in jedem Mondzyklus enthalten und ließen den Menschen viel Raum für Interpretationen.

Die Menschen erklärten sich die ständig wandelnde Form des Mondes mit Geschichten und Metaphern und so entstanden in allen Kulturen und Epochen die verschiedensten Mondmythen.

Manche Indianerstämme glaubten, dass der Mond abnimmt, weil er zur Jagd geht. Andere Völker erklärten sich die Mondphasen folgendermaßen: Der Mond habe zwei Frauen, er wandere ständig von einer zur anderen. Eine gäbe ihm gut zu essen, bei der anderen müsse er hungern.

Der Mond wird in einigen Kulturen auch mit dem Tod in Verbindung gebracht. So heißt es in den heiligen indischen Upanischaden, dass der Mond eine Art Zwischenstation sei, wo die Seelen der Menschen auf die Wiedergeburt warten.

Der Mann im Mond

Auch die Oberfläche des Mondes ließ die Menschen immer wieder neue Geschichten und Mythen ersinnen, die zu einer Erklärung für die Bildnisse, die sie im Mond entdeckten, führten. Der Mann im Mond ist wohl eine der stärksten Deutungen der Mondbilder. Im 4. Buch Mose (Kapitel 15) steht geschrieben, dass ein Mann, der am Sabbat Holz sammelte, dafür gesteinigt und als weitere Strafe samt seinem Holzbündel auf den Mond verbannt wurde.

Im Mond wurden jedoch auch schon viele andere Gestalten gesichtet.

Der „Mann im Mond" wird mancherorts als schiffbrüchiger Seemann erkannt, der rund um Kap Hoorn in Seenot geriet. Die Polen sehen einen Alchimisten im Mond sitzen, der im 16. Jahrhundert angeblich den Mond bereist haben soll.

Nicht immer muss das Bild im Mond einen Menschen darstellen. In Indien, China und Südafrika deutete man die Flecken auf dem Mond zum Beispiel als Hasen.

Die Gebrüder Grimm und der Mond

Auch die Gebrüder Grimm widmeten der Entstehungsgeschichte des Mondes einen Beitrag in ihrer Sammlung der Kinder- und Hausmärchen. Das Märchen heißt ganz schlicht „Der Mond" und handelt davon, dass vier Männer den Mond als große Lampe in einem Baum befestigen und ihn zeit ihres Lebens mit Öl versorgten, sodass er die Erde in der Nacht beleuchtete. Als die Männer gestorben waren, nahm ein jeder der vier einen Teil des Mondes mit ins Grab. Da strahlte der Mond weiter im Totenreich und brachte die Unterwelt ordentlich durcheinander. Petrus sorgte wieder für Ordnung, er holte den Mond zurück und befestigte ihn zur Sicherheit gleich am Himmel. Seitdem scheint der Mond für uns Menschen auf der Erde und wir müssen nicht einmal Öl nachgießen.

Mondfinsternis

Eine Mondfinsternis galt in vielen Kulturen als schlechtes Zeichen. Die Menschen suchten nach einer Erklärung für das plötzliche Verschwinden des Mondes und fanden sie. Bei den nordischen Völkern glaubte man, ein riesengroßer Wolf hätte den Mond verschlungen und in China war es ein Drache, der sich den Mond einverleibte. Die Griechen meinten, dass Hexen den Mond blutrot eingefärbt hätten. Die rote Farbe des Mondes ließ die Amazonas-Indianer glauben, der Mond wäre von einem Pfeil getroffen und verwundet worden. Aus diesem Grund wurde eine Mondfinsternis auch als „Blutmond" bezeichnet.

✦ Die Wurzeln des Mondkultes ✦

Der Mond beeinflusste die Menschen bereits in der Frühzeit durch seine geheimnisvolle Gabe, sein Aussehen immer wieder zu verändern. Er wurde größer und kleiner und verschwand schließlich für drei Tage ganz vom Nachthimmel. Seine regelmäßige Wiederkehr war früh ein Sinnbild der göttlichen Macht. Eine weibliche Macht, wie es schien, hatten doch auch die Frauen auf der Erde die Fähigkeit im selben Zeitabstand, in dem der Mond seine Bahnen zog, den weiblichen Zyklus zu durchwandern.

Die Urmutter und Muttergöttin wurde einst im Mond verehrt, der für die Menschen die Symbole Leben, Tod und Wiedergeburt in sich trug. In frühgeschichtlicher Zeit waren keine männlichen Götter bekannt, die Macht über Leben und Tod war urweiblich.

Kultische Verehrungen fanden vor 15 000 Jahren vor allem in Höhlen statt. In Lascaux (Frankreich) sind als Höhlenmalerei Stiere als heilige Tiere der Mondmutter zu sehen. Ihre Hörner sind Symbole der zunehmenden und abnehmenden Mondsichel und galten als Zeichen göttlicher Unsterblichkeit.

Schließlich löste das Patriarchat das Matriarchat ab und so wurden die frühen Mondgöttinnen zusehends von männlichen Gottheiten abgelöst.

Die männlich assoziierte Sonne wurde das Maß aller Dinge und ließ die weibliche Mondkraft schwinden – eine Tradition, die auch aus der griechisch-römischen Antike bekannt ist. Die neuen Sonnenkulte buhlten mit den alten Mondkulten um Anhänger. Bei den Männern war der Sonnenkult besonders beliebt und so war die Herrschaft der Mondmutter bald vorbei. Eine Aufgliederung in verschiedene Göttinnen mit eingeschränkten Machtbereichen trug zusätzlich zur Entmachtung der weiblichen Urkräfte bei. Das ging so weit, dass sogar der urweibliche Mond schließlich von männlichen Gottheiten „besetzt" wurde.

Ist der Mond männlich oder weiblich?

Diese Frage stellt sich in den verschiedenen Kulturkreisen immer wieder neu. Wird der Mond im deutschsprachigen Raum als männlich bezeichnet, so bekommt er in anderen Sprachfamilien einen weiblichen Artikel mit auf seine Umlaufbahn. Eine Erklärung für die unterschiedlichen Geschlechter-Bezeichnungen unseres nächsten Himmelskörpers könnte darin bestehen, dass es im Lauf der Geschichte in den verschiedensten Kulturen sowohl Mondgöttinnen als auch Mondgötter gab. In jenen, in denen sich die Mondgöttinnen mehr durchsetzen konnten, wurde der Mond weiblich, dort wo die Mondgötter das Sagen hatten, kam die männliche Seite des Mondes mehr zum Tragen.

Bei den australischen Aborigines, im deutschen Sprachraum, in Japan, bei vielen amerikanischen Ureinwohnern, in Skandinavien oder Polen wird der Mond beispielsweise männlich gesehen. In China werden Sonne und Mond durch Ying und Yang beschrieben. Die Sonne bedeutet Yang (warm, hell = männliches Prinzip) und der Mond Ying (kalt, schattig = weibliches Prinzip). In manchen Kulturen galt der Mond sogar als männlich und weiblich. So schreiben südafrikanische Buschmänner dem Vollmond weibliche Eigenschaften zu und dem Neumond männliche. Es gibt auch die Deutung des weiblichen abnehmenden Mondes und des männlichen zunehmenden Mondes. Auch bei den Mura in Brasilien herrscht 14 Tage lang ein männlicher und 14 Tage lang ein weiblicher Mond.

Lady Sunshine and Mister Moon ...
Interessant ist auch zu beobachten, dass dort, wo der Mond heute noch weiblich charakterisiert wird, die Sonne immer männlich ist und umgekehrt. Dieser Umstand lässt darauf schließen, dass egal in welcher Kultur, die Ursprungsmythen der Menschen einen Zusammenhang zwischen Sonne und Mond als „Himmelspaar" sahen.

Ursprünglich wurde der Mond immer wieder mit Muttergottheiten assoziiert. Schon die Ägypter kannten die verschiedensten Mondmythen, die allesamt mit der Fruchtbarkeit zu tun hatten. Sie verehrten Isis als ihre Mondgöttin, die den Himmelsgott Horus gebar. Die griechische Mythologie kennt die Mondgöttin Selene, aber auch Artemis und Hekate sind eng mit dem griechischen Mondkult verbunden. Bei den Römern waren es die Mondgöttinnen Luna und Diana, die auch heute noch dafür verantwortlich sind, dass der Mond in romanischen Sprachen als feminin betrachtet wird. Für Franzosen, Spanier, Italiener und Portugiesen ist der Mond also weiblich.

Im Vergleich dazu gibt es jedoch auch eine ganze Reihe männliche Vertreter wie den Mondgott Mani der nordischen Völker, Anningan als Mondgott der Inuit, der aztekische Tecciztecatl oder die ägyptischen Mondgötter Chons und Thot. In Indien herrschte der Mondgott Rama und die Assyrer, Babylonier und Sumerer verehrten den Gott Sin, nach dem auch der Berg Sinai – der Berg des Mondes – benannt wurde.

✦ Die Mondgöttinnen ✦

Mondgöttinnen gibt es viele und ihre Geschichten sind so unterschiedlich wie der Mond selbst. Die wichtigsten Mondgöttinnen seien hier erwähnt.

Isis

Als erste Mondgöttin der Menschheitsgeschichte ist uns Isis bekannt. Sie wurde als Muttergöttin verehrt und gilt auch als Mutter Ägyptens. Sie ist nicht nur Mondgöttin, sondern auch die Göttin des Wassers. Isis-Mythen reichen bis ins 3. Jahrtausend vor Christus zurück.

Selene

Selene stammt aus der griechischen Mythologie und sorgt als Mondgöttin für den Wechsel von Tag und Nacht. Sie ist eine Tochter der Titanen Theia und Hyperion. Selene verliebte sich in einen Sterblichen, den schönen Endymion. Er wünschte sich die ewige Jugend. So bat Selene den Göttervater Zeus, ihren Geliebten in einen ewigen Schlaf sinken zu lassen, Endymion träumte nun für immer davon, den Mond zu umarmen. Selene besuchte ihren Geliebten jede Nacht und gebar ihm 50 Töchter.

Die Mondgöttin Selene ist auch die Namensgeberin des chemischen Elements Selen. Das Element ist schwer giftig, doch in geringen Dosen ebenso ein essentielles Spurenelement im menschlichen Körper. Selen ist sowohl lebenserhaltend als auch tödlich. Auch die Beschäftigung mit dem Mond ist nach der Göttin Selene benannt und trägt den Namen „Selenologie".

Luna

Eine beliebte römische Mondgöttin ist Luna, die auch als Schutzgöttin der Wagenlenker bekannt ist und der griechischen Mondgöttin Selene entspricht. Sie ist die Schwester des Sonnengottes Sol und der Morgenröte Aurora. Nach ihr ist auch der Wochentag Montag benannt (italienisch: Lunedi, französisch: Lundi).

Artemis und Diana

Die griechische Mondgöttin Selene steht weiters in enger Verbindung mit der römischen Mondgöttin Artemis. Auch die griechische Diana wird als Mondgöttin bezeichnet. Artemis und Diana sind sich sehr ähnlich und die Verehrung der beiden Mondgöttinnen ist fließend, weil eine Göttin in die andere überging. Beide sind als „Jägerinnen" bekannt und gelten als „keusch und schön". Das jungfräuliche Mädchen mit dem Silberbogen des (Neu-)Mondes in der Hand – so wird sowohl Artemis als auch Diana beschrieben.

Hekate

Hekate ist als griechische Mond- und Totengöttin bekannt. Sie entspricht in ihren verschiedenen Erscheinungsformen den drei Mondphasen und gilt auch als Göttin der Frauen. In ihrem Ursprung als Naturgöttin herrschte sie über Geburt, Leben und Tod. Hekate stand auch immer im Zusammenhang mit dem Zauber- und Hexenwesen und ist mit der dunklen Phase des Mondes verbunden. Sie ist die Königin der Nacht und Feindin der Sonne. Ihre Macht gilt als todbringend und zerstörerisch.

Muttergottes, Jungfrau Maria

Im Zug der Christianisierung musste die Jungfrau Maria viele Aufgaben der frühen Mondgöttinnen übernehmen. In Bilddarstellungen wurde Maria immer wieder mit lunaren Symbolen dargestellt. Auch die Gezeiten und die Meere fielen bald in ihren „Zuständigkeitsbereich". Der Name „Maria" stammt vom lateinischen Wort „mare" für „Meer". Ihre oftmals blaue Kleidung ist sowohl Sinnbild für den Himmel als auch für das Meer.

Sonne und Mond – das ewige Himmelspaar

Die göttliche Verehrung von Sonne und Mond reicht lange zurück. Um die Eigenschaften und Fähigkeiten der beiden Himmelsgestirne entstanden zahllose Geschichten und Mythen, die sich bei allen Völkern der Welt größter Beliebtheit erfreuen und oft bis heute in Erinnerung blieben. Sonne und Mond bildeten seit Anbeginn der Zeit ein himmlisches Paar. Den weiblichen Part bildete meistens der Mond. Grundsätzlich könnte man den Mond als „weiblich passiv" bezeichnen, da er von der Sonne angestrahlt wird, die dadurch aktiv wird und wiederum den männlichen Part übernimmt.

Die Menschen haben sich auf der ganzen Welt viele Gedanken über Sonne und Mond gemacht und darum ist es nicht verwunderlich, dass es so viele unterschiedliche Beschreibungen und Zugänge zu diesen beiden Himmelsgestirnen gibt. Auf alle Fälle werden die ungleichen Himmelskörper in den vielen Geschichten und Überlieferungen von den Menschen immer wieder als Liebespaar beschrieben. Und natürlich ranken sich unzählige Schöpfungsmythen um die beiden, ohne die es kein Leben auf der Erde gäbe.

Die Sonne ist der beständige, strahlende Stern, der Mond hingegen wird als unbeständig und dunkel gesehen. Er ist wandelbar und die Menschen glaubten zu erkennen, dass die Mondphasen nicht nur mit Wachstum und Zerstörung zu tun haben, sondern auch mit dem weiblichen Menstruationszyklus, der Fruchtbarkeit, Empfängnis und der Geburt. Die glühende, lebensspendende Sonne wurde von den Menschen immer mehr mit den männlichen Eigenschaften in Verbindung gebracht.

Sonne und Mond ergänzen sich perfekt. Die Sonne ist licht, der Mond ist dunkel. Die Sonne regiert den Tag und der Mond die Nacht, obwohl man ihn bisweilen auch tagsüber sehen kann. Die Kräfte von Sonne und Mond gehören zusammen und halten die Erde im Gleichgewicht.

Sonne-Mond-Legenden

Es gibt eine Legende, nach der es heißt, dass es früher zwei Sonnen gab. Die Sonnen wechselten einander ab, die eine ging auf, wenn die andere unterging, und somit war es immer hell auf der Erde. Doch dann kam eine Frau und verführte eine der zwei Sonnen, diese kam der Frau zu nahe und verbrannte zum heutigen Mond. Seitdem wechselt der Tag mit der Nacht.

Bei den australischen Ureinwohnern gibt es eine Traumzeitlegende, die besagt, dass bei der Entdeckung des Feuers eine Frau und ein Mann jeweils damit beauftragt wurden, dieses Feuer bis in alle Ewigkeit zu hüten. Die Frau erhielt ein großes Stück Holz mit Feuer und wurde zur Sonne, der Mann bekam nur eine kleine Fackel und wurde zum Mond. So hüten die beiden bis zum heutigen Tag das Feuer in Form von Licht – sowohl am Tag als auch in der Nacht.

Eine Pfälzer Sage dreht sich darum, dass Sonne und Mond einst verheiratet waren. Die feurige Sonne und der kühle Mond, das konnte auf Dauer nicht gut gehen. Der Sonne wurde langweilig und so ersann sie eine List. Sie machte dem Mond einen Vorschlag: Wer am nächsten Morgen früher aufstehen würde, dem gehöre in Zukunft der Tag, und wer verschläft, der müsse sich mit der Nacht begnügen. So hatte die Sonne zwei Fliegen mit einer Klappe geschlagen, wie sie dachte. Denn der Mond verschlief natürlich und musste ab sofort Nachtwache halten. Der Sonne gehörte von nun an der Tag. Doch bald schon fehlte ihr der Mond und sie begann, ihren Plan zu bereuen. Seit dieser Zeit können Sonne und Mond nicht mehr zueinanderfinden.

Geschichten von Sonne und Mond gibt es überall

So gut wie alle Völker auf der Erde erzählen Geschichten von Sonne und Mond. Meistens sind sie Liebende, manchmal aber auch Bruder und Schwester, gute Freunde oder sogar Rivalen, die sich bekriegen, auf alle Fälle stehen sie immer in einem ganz besonderen (Spannungs-)Verhältnis zueinander.

Vom Volk der Guarani aus Südamerika stammt folgende Überlieferung: Sonne und Mond waren Brüder, die einem alles verschlingenden bösen Geist das Handwerk legen wollten. Sie verwandelten sich in Fische, um dem Bösewicht Haken und Angelschnur abzujagen. Der Mond kam dabei zu Tode und die Sonne sammelte seine Gräten auf, um ihn wieder zurückzuholen. Diese Geschichte wiederholt sich in den Mondphasen. Der Mond verschwindet und kommt wieder.

Der nordamerikanische Indianerstamm der Atsina kennt die Geschichte zweier rivalisierender Brüder, die dem Vater beweisen wollten, wer der Bessere von beiden sei. Ein Wettschießen von silbernen und goldenen Pfeilen in eine Wolke ging unentschieden aus. Als die Brüder zur Wolke hinaufspringen wollten, um die Pfeile herauszuziehen, flogen sie schnurstracks in den Himmel und wurden zu Sonne und Mond.

Mondwissen

Es war einmal … der Mondkalender

Mit der Ausbreitung des Christentums ging auch ein wichtiger Teil der Mondgöttinnen-Symbolik auf die christliche Muttergottes – die Heilige Maria – über. Die katholische Kirche beendete durch die Einführung eines neuen Kalendersystems schließlich auch den Jahrhunderte andauernden Einfluss des Mondes auf die Zeitrechnung.

Papst Gregor XIII. verfügte 1582 eine neue Kalenderberechnung, die seinen Namen tragen sollte und bald darauf auch in vielen anderen Ländern umgesetzt wurde. Der bisher weit verbreitete Mondkalender wurde nun von der Kirche als gottlos bezeichnet und musste dem neuen kirchlichen Berechnungssystem weichen. Die Sonne galt von nun an nicht nur als Symbol des auferstandenen Herrn Jesus Christus, sondern auch als Maß aller Dinge in Sachen Zeitrechnung. Der gregorianische Sonnen-Kalender löste schließlich den nach Julius Cäsar benannten Julianischen Mond-Kalender ab. Die Zeitrechnung im muslimischen Glauben orientiert sich auch heute noch an den Mondphasen.

Aber blicken wir noch weiter zurück: Schon sehr bald kamen die Menschen auf der Erde auf die Idee, den Mond als Berechnungssystem für den wiederkehrenden Jahreskreis heranzuziehen. Als man die Regelmäßigkeiten des Verschwindens und Erscheinens des Mondes herausgefunden hatte, begannen die Menschen, die Zeit in Abschnitte zu gliedern.

„Mond" und „Monat" stammen beide vom lateinischen Wort „menses" ab, das wiederum zum Wort „messen" führte und sich auch im Begriff der „Menstruation" widerspiegelt. Der Monatszyklus der Frau wurde seit jeher mit den Mondphasen in Verbindung gebracht, die ungefähre Gleichheit der Zeitspannen ließ verschiedene Kulturen den Mond als Fruchtbarkeitssymbol deuten.

Doch die Berechnung der Zeit in Mondmonaten hat sich bei uns auf Dauer nicht durchgesetzt. Schon die ägyptischen Astronomen wollten die Zeitrechnung von Sonne, Mond und Sternen in Einklang bringen. Bereits 3 000 v. Chr. legten sie 365 Tage für ein Sonnenjahr fest. Im Vergleich dazu zählt ein „Mondjahr" nur 354 Tage. Viele Mondkalender passten sich durch das Hinzufügen eines Monats an das Sonnenjahr an, wie zum Beispiel der jüdische oder der chinesische Kalender.

Der islamische Kalender bezieht sich auch heute noch auf den Mond. Zwar konnte sich der Mondkalender im Alltagsleben der islamischen Welt nie ganz durchsetzen, aber als Kultkalender ist er bis heute für das muslimisch-religiöse Leben bestimmend. Das ist auch der Grund, warum der heilige

Fastenmonat Ramadan, gemessen am Sonnenkalender, jedes Jahr um ungefähr elf Tage nach vorne rückt.

Der Mond hat aber auch heute noch starken Einfluss auf unseren Kalender, insbesondere auf die kalendarischen Feste im Jahreskreis. So orientiert man sich in der christlichen Tradition seit jeher am Mond, um das Datum des Osterfestes festzusetzen. Ostern wird immer an dem Sonntag nach dem ersten Vollmond im Frühjahr, das am 21. März beginnt, gefeiert.

Der Mond und seine Phasen begleiten uns auch heute noch in den gängigen Wand- und Tisch-Kalendern. Eine „wöchentliche" Erinnerung an den Mond gibt uns die Bezeichnung für den ersten Wochentag, den „Montag". Für jeden Wochentag stand ein Himmelskörper Pate. Und der Mond machte den Anfang, mit seiner alten Bedeutung, den Zeitablauf zu strukturieren. Der „Montag" erinnert auch heute noch an diese alte Ordnung.

Wochentage und ihre Gestirne:
Montag: Mond
Dienstag: Mars
Mittwoch: Merkur
Donnerstag: Jupiter
Freitag: Venus
Samstag: Saturn
Sonntag: Sonne

Im Einklang mit dem Mond

Vor allem in der Landwirtschaft spielte der Mond schon immer eine bedeutende Rolle. Aussaat, Ernte, Holzschlag, Tierhaltung und vielerlei andere Dinge wurden in Zusammenhang mit den Mondphasen gebracht. Die älteste Quelle dieses Mondwissens stammt aus der Antike. Der römische Schriftsteller Plinius der Ältere (23/24 v. Chr.–79 n. Chr.) verknüpft mit seiner „Naturalis historia" die Geschehnisse auf der Erde erstmals mit dem Mond. Dieses Wissen setzte sich fort durch Klöster, in denen antike Werke gesammelt und übersetzt wurden. Im 16. Jahrhundert erschien der erste „Mondalmanach". In diesem Werk befanden sich Anweisungen für Pflanz- und Erntetermine, die sich an den Mondphasen orientierten. Auch Empfehlungen rund um Haushaltsführung, Gesundheit, Reichtum und Glück nahmen Bezug auf den Mond. Die heute noch bekannten Mondkalender gehen vielfach auf das alte Wissen des Mondalmanachs zurück.

❧ Die Mondphasen ❧

Neumond

Als „schwarzer Mond", „dunkler Mond" oder auch als „toter Mond" wird der Neumond bezeichnet, weil man ihn am Himmel mit freiem Auge nicht sehen kann. In dieser Mondphase steht der Mond zwischen Sonne und Erde. Die Seite des Mondes, die der Erde zugewandt ist, kann in dieser Phase nicht von der Sonne beleuchtet werden, und darum können wir den Mond jetzt auch nicht sehen. Übrigens, wenn für uns auf der Erde Neumond herrscht, ist die Rückseite des Mondes voll beleuchtet.

Es heißt, die Zeit des Neumondes besitze die Qualität, Dinge oder Verhaltensweisen, die man „nicht mehr braucht", leichter loslassen zu können. An einem Neumondtag weniger zu essen bzw. einen Fastentag einzulegen raten viele Mondbücher. Die Bereitschaft zur Entgiftung von Körper, Geist und Seele sei an Neumondtagen besonders hoch.

Weiters sollen die Tore zum Unterbewusstsein zu dieser Zeit weiter offenstehen als sonst, man kann an diesen Tagen besser in sich hineinhören und versuchen, sich mit seiner eigenen „dunklen Seite" zu beschäftigen.

Wie der Name schon sagt, bietet sich der Neumond auch an, etwas Neues anzufangen. Diese Tage können bei geplanten Veränderungen unterstützend wirken, sie sollen das Selbstbewusstsein fördern und die Durchsetzungskraft stärken. Weiters können kurze Auszeiten vom Alltag an Neumondtagen angeblich kleine Wunder bewirken. Einen Versuch ist es allemal wert!

Der zunehmende Mond

Der Mond wird wieder sichtbar, wir sehen von der Erde aus eine kleine Sichel und sprechen dabei vom ersten Viertel des Mondes. Diese Wachstumsphase soll sich auch günstig auf alles auf der Erde auswirken, das wachsen und gedeihen soll. Nahrung kann nun noch besser vom Körper aufgenommen werden und auch Seele und Geist sind jetzt angeblich aufnahmefähiger. Der zunehmende Mond unterstützt Entwicklungen und Veränderungen. Diese Phase macht Mut, schwierige Situationen in den Griff zu bekommen und wichtige Entscheidungen zu treffen.

Der Vollmond

Nachdem der Mond in 13 Tagen beinahe um die halbe Erde gewandert ist, erhellt nun die Sonne die uns zugewandte Seite des Mondes voll und ganz. Wenn der Himmel wolkenlos ist, dann kann es jeder Mensch auf der Nachtseite Erde sehen: Es herrscht Vollmond.

In dieser Zeit soll die Kraft des strahlenden Erdtrabanten auch auf uns Menschen übergehen, heißt es. Wir fühlen uns energiegeladener oder aber haben Schlafstörungen, vielleicht auch vermehrte Aggressionen oder Ähnliches. Natürlich ist nichts von alledem bewiesen.

Der gefühlte Einfluss des Vollmondes mag uns Menschen aber sehr wohl beeinträchtigen, doch könnte es auch durchaus sein, dass wir es selbst sind, die dem Vollmond alles Mögliche in die Schuhe schieben und uns ein gewisses „Vollmondverhalten" angewöhnt haben.

Sei es, wie es sei, der Vollmond hat auf alle Fälle eine magische Anziehungskraft auf uns Menschen. Die romantische Seite in uns wird berührt und zum Strahlen gebracht. Der Vollmond kann die Intuition fördern und Liebende verbinden, denn der erdnahe Himmelskörper kann grundsätzlich alles, was wir Menschen ihm zutrauen!

Abnehmender Mond

Nach dem Vollmond folgt die Phase des abnehmenden Mondes. Wieder nimmt der Mond 13 Tage lang ab, um schließlich wieder als Neumond unsichtbar für uns Menschen zu werden. In der abnehmenden Mondphase soll auch das Abnehmen auf der Erde am besten gelingen, so steht es in vielen Mondratgebern geschrieben. Eine gute Gelegenheit, um essenstechnisch ein wenig kürzerzutreten.

✢ Der Mond und die Dreiheit ✢

Die drei sichtbaren Phasen des Mondes lösten in den Menschen auf der Erde seit jeher verschiedene Gefühle und Assoziationen aus. Die drei Erscheinungsformen des Mondes erinnerten sowohl an Vergangenheit, Gegenwart und Zukunft oder auch an das Leben der Frau in Form der Jungfrau, der Mutter und der Greisin. So sahen viele Kulturen die Dreifaltigkeit der „Großen Mutter" in den Mondphasen. Der Vollmond, der zunehmende und der abnehmende Mond bilden die Trinität des Mondes, um die sich viele Geheimnisse und Mythen ranken.

✢ Leben auf dem Mond ✢

Ob es Leben auf dem Mond gibt, diese Frage beschäftigte die Erdenbewohner seit Menschengedenken. Spätestens seit der ersten Mondlandung kann sie aber definitiv verneint werden. Einige Zeit vorher waren sich manche jedoch ganz, ganz sicher, dass der Mond sehr wohl belebt wäre:

Dass es auf dem Mond tatsächlich Lebewesen gäbe, meldete zum Beispiel die New Yorker Tageszeitung „Sun" am 25. August 1835. Ein Astronom habe mit einem besonders starken Teleskop auf dem Mond Ozeane, Tiere und Pflanzen entdeckt. Das Mondleben wurde fortan immer bunter beschrieben. Drei Tage später stand gar zu lesen, man habe menschenähnliche Wesen auf dem Mond entdeckt. Die Auflage der Zeitung schnellte in die Höhe und die Menschen glaubten an ein Leben auf dem Mond. Drei Wochen später gestand der Herausgeber der Sun, dass es sich bei der Mondgeschichte um eine Satire gehandelt habe.

Doch spätestens ab dem 20. Juli 1969 gab es immer wieder Leben auf dem Mond. Denn seit der ersten Mondlandung waren von 1969 bis 1972 sieben bemannte Apollo-Missionen unterwegs, von denen sechs immer wieder erfolgreich menschliches Leben auf den Mond brachten.

Ob wir Menschen dem Mond vielleicht selbst schon Leben eingehaucht haben, durch die jahrtausendelange Verehrung, das steht in den Sternen. Doch eines ist rein wissenschaftlich gesehen eine sehr realistische Theorie, der Mond ist wohl mitverantwortlich für das Leben auf der Erde, wie wir es heute kennen.

Mondbräuche, Mondsymbole, Mondmagie

❧ Mondbräuche ❧

Kuchen für den Mond

Die frühen Mondkulte kannten eine Vielzahl an Bräuchen, doch mit dem Verbot der Mondanbetung gerieten auch die kultischen Handlungen in Vergessenheit, da sie meist bei Strafe verboten wurden.

Besonders beliebt war es, Kuchen zu Ehren der Mondgöttin zu backen. Sie galten als Symbol für Fruchtbarkeit und sind uns glücklicherweise bis heute erhalten geblieben. Die Wurzeln der Geburtstagstorte sollen in der frühen Huldigung der griechischen Mondgöttin Artemis zu finden sein. Die Göttin wurde regelmäßig mit einem runden Kuchen geehrt, auf dem brennende Kerzen befestigt waren. Die Menschen erhofften sich durch das „Kuchenopfer" eine freundlich gestimmte Mondgöttin, die ihnen ihre Wünsche erfüllen sollte. Die Mondmagie von früher wirkt bis in die Gegenwart: Denn noch heute gilt der Brauch, dass man sich beim Ausblasen der Kerzen auf der Geburtstagstorte etwas wünschen darf, diesen Wunsch jedoch nicht laut aussprechen soll.

Ab dem 11. Jahrhundert gab es immer mehr Verbote, die dem Volk untersagten, sich in ihren Handlungen nach dem Mond zu richten. In einem Bericht aus dem 15. Jahrhundert heißt es, dass die Menschen für ihre Mondanbetung sogar gegeißelt wurden. Gleich welcher Herkunft, beugte man sich damals beim Anblick des zunehmenden Mondes nieder und nahm dabei seine Kopfbedeckung ab.

Es gab viele Mondbräuche, einige wurden bis heute überliefert. So hieß es auch, dass wenn man das Licht des Vollmondes in den Geldbeutel scheinen lasse, dieser das Vermögen durch seine Kraft vermehre.

Mondbräuche und Gesundheit

Über den Mond und die Auswirkung auf die Gesundheit der Menschen wurde bis heute viel geschrieben und diskutiert. Jeder Mensch soll für sich persönlich entscheiden, was er von diesem Mondwissen selbst anwenden möchte und was nicht. Interessant ist, dass der Mond scheinbar schon seit Menschengedenken einen „gefühlten" Einfluss auf die Befindlichkeiten der Erdenbewohner hat.

So glaubte man früher, dass Mensch und Tier am ehesten bei Dunkelmond (die drei Tage um Neumond) von Krankheiten befallen würden. Diese Zeit wurde auch als „Zeit des leeren Lichts" bezeichnet und mit der Herrschaft von Dämonen in Verbindung gebracht. Im Volksglauben hieß es, die Krankheiten wüchsen mit der Mondsichel an, erreichten ihren Höhepunkt bei Vollmond und könnten am besten bei abnehmendem Mond ausgeheilt werden.

Ein besonderes „Rezept" gegen Zahnschmerzen lautete: Bei abnehmendem Mond den Mond anzusehen und zu sagen „Gleich, wie der Mond abnimmt, so nehmen auch meine Schmerzen ab!" Dieses Mondritual wurde nicht nur bei Zahnschmerzen, sondern bei den verschiedensten körperlichen Gebrechen angewendet. Die meisten Mond-Zaubersprüche sind jedoch gegen Zahnschmerzen bekannt, da diese körperliche Pein die Menschen früher aus Mangel an Zahnhygiene und ärztlicher Versorgung wohl sehr plagte.

Auch ein Mittel gegen die Schwindsucht aus dem 16. Jahrhundert bezieht sich auf den Mond: „Wenn ein Mensch oder Vieh schwindet, so gib ihm neun Läuse ein, drei auf einem Bissen Brot, am Tag, an dem der Mond drei Tage alt ist." Der Rat, Läuse zu essen, mag abstoßend klingen, doch dachten sich die Menschen vielleicht, je abschreckender das Mittel, desto besser die Wirkung. Von einer Nachahmung wird auf alle Fälle abgeraten!

Aus dem 15. Jahrhundert stammen folgende Sprüche, die bei Neumond angewendet wurden: „Ich grüße dich, du neues Licht, hilf für die Zähne und für die Gicht" sowie „Guten Abend, neuer Schein, ich klag dir meine Qual und meine Pein."

Auch die „Beschwörung" von Warzen ist im Zusammenhang mit dem Mond bekannt. Die Heilung sollte folgendermaßen vonstattengehen: Man trete in den Schein des zunehmenden Mondes, blicke den Mond an und spreche dazu: „Was ich ansehe, das wächst!", dann berührt man die Warze mit den Worten: „Was ich anrühre, das nimmt ab!" Auf diese Weise wurden früher angeblich auch Überbeine und Kröpfe behandelt.

Sogar Johann Wolfgang von Goethe lässt seinen Mephisto eine Zauberrezeptur gegen Sommersprossen aufsagen: „Nehmt Froschlaich, Krötenzungen kohobiert. In vollstem Mondlicht sorglich distilliert. Und wenn er abnimmt, reinlich aufgestrichen. Der Frühling kommt – die Tupfen sind entwichen."

Liebesbräuche

Der Mond ist das Gestirn der Liebenden. Die Menschen schmachten den Mond an und bekommen dabei romantische Gefühle. Das war wohl schon immer so und wird auch immer so bleiben.

Getrennte Liebende sehen zur selben Zeit den Mond an und fühlen sich dabei verbunden. Dieses Ritual war früher wohl noch stärker verbreitet als heute. Was in unserer Zeit das Internet kann, das konnte der Mond schon immer: Die Menschen auf der ganzen Welt miteinander verbinden, indem er von vielen gleichzeitig gesehen werden kann. Das war vor allem für getrennte Liebende oft die einzige Möglichkeit, aus der Ferne einen gemeinsamen Anhaltspunkt zu finden.

So haben wir Menschen dafür gesorgt, dem Mond mit unseren eigenen Gefühlen „Leben" einzuhauchen und ihn damit zu romantisieren. Diese vielen, vielen Liebesgefühle, die über den Mond von Mensch zu Mensch gesandt werden, gingen wohl auch am Mond nicht ganz spurlos vorüber.

In Liebesdingen wollten die Menschen schon immer ein wenig nachhelfen „Liebeszauber" gibt es, seit es gebrochene Herzen gibt, und da wurde auch der Mond stets um Hilfe gebeten. Und so wundert es nicht, dass unzählige Liebeszauber bekannt sind, die mit dem Mond zu tun haben. Wenn man zum Beispiel seinen zukünftigen Mann im Traum erblicken möchte, dann wird geraten, bei Neumond Schafgarbe zu sammeln und diese unter das Kopfkissen zu legen. Ein Sträußchen Schafgarbe über dem gemeinsamen Bett aufgehängt, soll übrigens auch dazu beitragen, die Liebe in einer Beziehung zu stärken.

Sieht man den neuen Mond zum ersten Mal, dann soll man ihm Handküsschen senden und dazu laut und deutlich sagen: „Lieber Mond, sage mir, wen ich werde haben zum Manne hier!" Der „Zukünftige" soll in der darauffolgenden Nacht im Traum erscheinen.

Auch um die Liebe zurückzubringen, wurde der Mond um Hilfe angerufen. Beim zunehmenden Mond wurde früher folgendes Sprüchlein aufgesagt:

Grüß dich Gott, mein lieber Abendstern;
Ich seh dich heut und allzeit gern.
Scheint der Mond übers Eck,
Meinem Herzliebsten aufs Bett;
Lass ihm nicht Rast,
Lass ihm nicht Ruh,
Dass er zu mir kommen muss!

Honigmond

Der Begriff „Honeymoon" heißt bei uns „Flitterwochen". Beide Ausdrücke haben dieselbe Bedeutung. Es geht darum, dass die Zeit nach der Hochzeit eine besonders schöne sein soll. Beim „Honigmond", den man vor allem in England, Frankreich, Spanien, Portugal, Italien, Rumänien und Kroatien kennt, wird diese besondere Zeit mit der Süße des Honigs und der (geschätzten) Dauer eines Monats (Mond) verglichen.

In England gibt es dazu einen Brauch: Die Brautleute sollen einen Monat lang nach der Hochzeit jeden Tag ein Glas Honigwein (Met) trinken, dadurch werden die Männer leistungsstärker und die Frauen fruchtbarer, heißt es.

In unseren Breiten kennen wir den Begriff der „Flitterwochen". Man könnte diese Zeit auch als „Kosewochen" bezeichnen, denn das Wort „Flitter" leitet sich vom mittelhochdeutschen Wort „vlittern" ab, was so viel bedeutet wie flüstern, liebkosen und kichern.

Mondpflanzen sollen die Fruchtbarkeit steigern

Fruchtbarkeitssteigernde Wirkung wird zum Beispiel Gurken zugeschrieben, die als Mondpflanzen gelten und zur Entfaltung ihrer Wirkung einfach im Schlafzimmer aufbewahrt werden sollen. Auch der Mohn wird zu den Mondpflanzen gezählt und soll durch seinen Verzehr vor allem die Fruchtbarkeit bei Frauen steigern.

Arbeiten bei Mondlicht

Da die Menschen früher kein künstliches Licht kannten, waren ihnen die Vollmondnächte sehr willkommen, um Arbeiten am Feld oder rund um das Haus zu verrichten. Es hieß jedoch, dass man das Licht des Vollmonds nur bis Mitternacht nutzen dürfe, denn sonst geschähe ein Unglück. Wer sich nicht an das Zeitlimit hielte, würde von Dämonen wie der „Spinnstubenfrau" zur Rechenschaft gezogen oder sogar vom Mond selbst. Eine Sage aus Tirol erzählt von einem Bauern, der dieses Gebot missachtete und seine Feldarbeiter überredete, bei Vollmond über Mitternacht zu arbeiten. Doch kaum hatte die Uhr Zwölf geschlagen, vernahmen die Leute am Feld eine Stimme: „Der Tag ist dein, die Nacht ist mein, schere dich nach Hause bald, sonst verfällst du einer üblen Gewalt." Nach diesen Worten packte den Bauern und seine Arbeiter die Angst und sie machten sich so schnell wie möglich auf den Heimweg. Nie wieder wagten sie es, bei Vollmond über Mitternacht zu arbeiten.

⇝ Mondsymbole ⇜

Mondsichel als Glückssymbol

Eine Mondsichel, die sich nach links wendet, also den zunehmenden Mond symbolisiert, ist ein absolutes Glückssymbol, das alles begünstigen und gedeihen lassen soll. Generell spielt die Mondsichel auch heute noch in Indien bei Abwehrzaubern eine Rolle. Im Islam bedeutet der Halbmond Öffnung und Konzentration und gilt als Symbol göttlicher Kraft.

Mondmetall Silber

Silber ist das Metall des Mondes. Zu seinen Eigenschaften zählt unter anderem die Neigung zur Spiegelbildung. Auch hier besteht die Verbindung zum Mond, denn der Mond reflektiert als eine Art „Spiegel" das Sonnenlicht. Er galt zudem immer als Spiegel für die Erde. So wurden zum Wahrsagen früher gerne silberne Schalen benutzt, die mit Wasser gefüllt waren.

Im Mittelalter riet man Frauen, mithilfe einer Silbermünze Kontakt zur Mondmutter aufzunehmen und dabei einen Wunsch vorzutragen. Auch heute gilt noch in manchen Gegenden der Brauch, dass Frauen ein Silberstück drehen und dann ihre Wünsche an den Mond richten können.

Ein weiteres kleines Mondritual rund um das Edelmetall Silber: Wenn man den Mond am Himmel sieht und gleichzeitig ein Stück Silber in seiner Hosentasche berührt, dann wird es einem auch in Zukunft nicht an Geld mangeln.

Zum Schutz vor dem Bösen wurden früher gerne Silberamulette getragen, die in Form einer kleinen runden Scheibe den Mond symbolisierten.

Mondstein

Beliebt und bekannt als Halbedelstein und Heilstein ist der Mondstein. Gefunden wird er zum Beispiel in Indien, Australien, Brasilien oder Amerika. Aber auch in den Alpen kommt der Mondstein vor.

Bereits die alten Griechen und Römer kannten diesen besonderen Stein, der die Kraft des Mondes auf der Erde verstärken und vor Krankheiten schützen sollte. Besonders bei Frauenleiden soll der Mondstein hilfreich sein, er könne die Fruchtbarkeit fördern und Menstruationsbeschwerden lindern, sagte man früher. Beliebt ist er auch heute noch besonders bei Frauen in den Wechseljahren. Weiters soll er die Psyche stärken und stimmungsaufhellende Wirkung besitzen. Besonders förderlich sei es, den Stein in Verbindung mit dem Mondmetall Silber zu tragen. Die beiden Materialien können dabei ihre positiven Wirkungen gegenseitig verstärken.

Mondsteine gelten als mystisch und geheimnisvoll und werden gerne als „Traumsteine" bezeichnet.

„Stein der Frauen" heißt der Mondstein in arabischen Ländern und wird hier sogar in die Kleidung eingearbeitet, damit er so nahe wie möglich am Körper getragen werden kann.

Er gilt auch als Stein der Verliebten. In einer alten Überlieferung heißt es, dass Liebende mithilfe des Mondsteins in die Zukunft blicken können, dafür nehmen sie den Mondstein einfach in den Mund.

Mondbaum Weide

Bäume, die mit dem Mond in Verbindung stehen sollen, gibt es einige, zum Beispiel Erle, Apfel- oder Kirschbäume, doch der wichtigste und bekannteste „Mondbaum" ist wohl die Weide. Sie steht seit Urzeiten für den Mond und die Weiblichkeit. Als „Schwellenbaum" verbindet die Weide Winter und Sommer, Diesseits und Jenseits, das Land mit dem Wasser. Hohle Weiden gelten auch als geheime Eingänge in die Anderswelt. Besondere Verehrung erfuhren die „Mondbäume" zu der Zeit, als noch die ganzheitlichen Muttergottheiten angebetet wurden. Weiden sind mystische Bäume und stehen mit Hellsichtigkeit und Heilung in Verbindung, es heißt, dass auf ihnen Baumfeen wohnen, aber auch Auennymphen sollen sich in der Nähe von Weiden sehr wohl fühlen.

Weiden gelten als gute Hausbäume, sie sollen den Segen des Mondes auf die Erde holen und damit helfen, das Haus und seine Bewohner zu schützen. Ein Stück Weidenholz in der Hosentasche getragen, soll einem Menschen die Angst nehmen.

❖ Mondmagie ❖

Der Mond und die Magie

Bei Vollmond treffen sich die Hexen, um zu zaubern, sagt man. Warum eigentlich gerade bei Vollmond? Eine „natürliche" Erklärung könnte sein, dass der Vollmond eine gute Lichtquelle darstellt und so Rituale im Freien ermöglichte, die bei völliger Dunkelheit nicht so gut funktioniert hätten. Der alte Volksglaube stellt einen engen Zusammenhang zwischen Hexen und dem Mond her.

Es heißt, der Mond begünstige jeden Zauber und würde deshalb von Hexen und Magiern gerne angerufen und beschworen. Gezaubert wurde jedoch nicht nur bei Vollmond, sondern auch zu anderen Mondphasen. So stand der zunehmende Mond für den guten Zauber (z. B. Geldvermehrung oder Liebeszauber) und der abnehmende Mond für den bösen Zauber. Die Schwarze Magie soll in der Zeit des Dunkelmondes am erfolgreichsten wirken, also an den drei Tagen, an denen der Mond rund um Neumond am Himmel nicht sichtbar ist.

„Hexenkessel" wurden früher angeblich zum Wahrsagen benutzt. Und auch hier kommt der Mond ins Spiel. Die dunkle Innenwand des Kessels symbolisierte dabei die Nacht, das Wasser, das hineingegossen wurde, stellte die Verbindung her und die Silbermünze am Grund des Kessels stand für den Mond. Die wahrsagende „Hexe" fixierte das Bild, das sich ihr bot, und ließ ihrer Intuition freien Lauf. Eine Frage wurde gestellt und die Antwort dazu lieferte der „Mond" in Form von inneren Bildern, die in der „wahrsagenden" Person aufstiegen.

Überliefert sind auch solche Geschichten, in denen vor Wegkreuzungen in der Dunkelheit gewarnt wird. Dreifach-Wegkreuzungen stellen eine Verbindung zur Dreifaltigkeit der Mondgöttinnen dar und waren angeblich ein beliebter Treffpunkt von Hexen. Bereits die Griechen und Römer erbauten an Straßenkreuzungen ihren Mondgöttinnen zu Ehren kunstvolle Statuen. Noch heute gibt es Ortsnamen, die an diese alte Tradition erinnern. „Wych Cross" (ursprünglich „Witch Cross" = Hexenkreuz) heißt zum Beispiel im englischen Sussex auch heute noch jene Stelle, an der drei Straßen aufeinandertreffen.

Der Mond und die Werwölfe

Geschichten über die Verwandlung von Menschen in Werwölfe sind uralt und werden auch heute noch immer in Romanen und Filmen verarbeitet. Wenn das „Tier im Menschen" die Oberhand gewinnt, dann steht natürlich der Vollmond am Himmel, denn die Verwandlung zum Werwolf hatte immer etwas mit dem Mond zu tun.

Als verräterisches Zeichen, dass sich ein Mensch zum Werwolf verwandelt, galten früher zusammengewachsene Augenbrauen. Fügte man einem Werwolf eine Wunde zu, dann sah man diese Wunde auch noch beim bereits zurückverwandelten Menschen. Werwölfe, die sich während einer Vollmondnacht nicht verwandelten, haben Haare unter ihrer Haut, hieß es. So kam es, dass den „verdächtigen" Werwölfen bei Vollmond die Haut abgezogen wurde, um das zu prüfen. Eine grausame Praxis, durch die viele Menschen ums Leben kamen.

Wie man zum Werwolf wird, das stellten sich die Menschen früher so vor: Man nehme einen Gürtel aus Menschenhaut und einen kleinen Fluch und warte auf den Vollmond und schon war der Werwolf fertig! Schwarze Magier verstanden es angeblich, durch die Anwendung besonderer Salben und magischer Gürtel aus Wolfs- oder Menschenhaut beliebig oft zum Werwolf zu werden.

Viele „echte" Werwölfe wurden im Mittelalter überführt und nach erpressten Geständnissen zur Hinrichtung gebracht. Eine besonders wirksame Art, einen Werwolf zu töten, sei es, ihn mit einer Silberkugel zu erschießen. Wieder ist der Bezug zum Mond spürbar, da Silber als Metall des Mondes gilt.

1589 ist die Hinrichtung eines Werwolfes in Deutschland dokumentiert. Der Tod des Peter Stump war grausam. Mit glühenden Zangen wurde ihm das Fleisch aus dem Körper gerissen, seine Arme, Beine und das Becken auf dem Rad gebrochen und sein Leib wurde verbrannt.

Der Franzose Jean Peyral behauptete von sich selbst, ein Werwolf zu sein. 1518 kam es zur Verhandlung und der Gerichtssaal war voll mit Schaulustigen, die sich die Wolfsgeschichten von Peyral anhören wollten. Er behauptete, dass er vom Teufel in einen Werwolf verwandelt worden war und mit Wölfinnen verkehre. Auch dieser Mann wurde gefoltert, hingerichtet und verbrannt. Ein weiterer „Werwolffall" ist aus dem Jahr 1573 bekannt, als das französische Parlament die Bevölkerung dazu aufrief, einen Werwolf zu jagen.

Immer wieder gab es Menschen, die selbst davon überzeugt waren, Werwölfe zu sein. Für die Heilung der „Wolfskrankheit" nahmen sie allerlei Ungemach auf sich. Eine Methode bestand darin, die Kopfhaut zu ritzen. Eine Geschichte erzählt von einem Italiener, der des Nachts als Werwolf einen Mann angriff. Der überfallene Mann ritzte den Werwolf mit einem Messer, sodass er sich auf der Stelle zum Menschen zurückverwandelte und vom Werwolfdasein für immer geheilt war. Weiters hieß es, dass man einen Werwolf dadurch erlösen könnte, wenn man ihm sagte, dass er einer sei, oder man sollte ihn dreimal bei seinem Vornamen rufen und gleichzeitig drei Tropfen Blut vergießen.

Was ist nun dran an den Werwolflegenden? Eine der vielen Erklärungen besagt, dass es sich dabei um eine Art Geisteskrankheit handle, die den Kranken glauben lasse, ein Wolf zu sein, und die ihn dazu bringe, auf allen Vieren zu kriechen und sich wie ein Wolf zu verhalten.

Auch hier findet sich wieder die Verbindung zum Mond, denn die Vorstellung, dass der Mond die Menschen in den Wahnsinn treiben kann, ist uralt und wird auch heute noch gerne als Argument dafür benutzt, warum sich Menschen an Vollmondtagen seltsam benehmen.

❧ Namensgeber Mond ☙

Mondsee

Der Mondsee im oberösterreichischen Salzkammergut ist ein beliebtes Ausflugs- und Ferienziel. Sein südliches Ufer bildet die Grenze zwischen Oberösterreich und Salzburg, besonders markant ist die 1176 Meter hohe Felswand, die den Namen „Drachenwand" trägt und sich am Südwestufer des 14 Quadratkilometer großen Sees befindet.

Doch wie kam der Mondsee eigentlich zu seinem Namen? Die Ortsnamenkunde leitet den Namen vom Personennamen „Mano" ab (See des Mano). Mythologisch gesehen hat der Name „Mondsee" seine Wurzel im Mond als Gottheit der frühesten Siedler (Pfahlbauten entstanden am Mondsee bereits in der Jungsteinzeit vor 5 000 Jahren). Eine „sagenhafte" Variante gibt es natürlich auch: Denn einer Sage zufolge ritt Herzog Odilo von Bayern eines Nachts von hinten an die Drachenwand heran, die vorne steil abfällt, und wurde von der Dunkelheit überrascht. Der aufgehende Vollmond spiegelte sich im See und rettete ihn damit vor dem sicheren Absturz. Als Dank für seine Rettung soll Herzog Odilo das Kloster Mondsee am Ufer des Sees erbaut haben.

Erste schriftliche Aufzeichnungen des Mondsees gibt es im Jahr der Klostergründung 748 mit der Bezeichnung „Maninseo" und „Lunaelacus" (lateinisch, luna = Mond, lacus = See). Im Lauf der Zeit veränderte sich der Name immer wieder in: Maense, Meinse, Maninse, Moninsee, Moensee, Mannsee, Monnsee, Mansee und schließlich Mondsee. Doch stammt der Name des Mondsees anscheinend gar nicht vom „Mond", sondern von einem alten Adelsgeschlecht namens „Mannsee" ab. Aus dem Namen „Mannsee" dürfte sich mit der Zeit schließlich der „Mondsee" entwickelt haben.

Auch zur Entstehung des Mondsees gibt es eine Sage. So soll dort, wo wir heute den großen Mondsee sehen, vor langer Zeit ein besonders gottloser Ritter gelebt haben, dessen Burg sich an einem winzig kleinen See befand. Der Ritter trieb ohne Rücksicht auf Verluste sein Unwesen, feierte sein liederliches Leben mit seinen Ritterfreunden und verhöhnte Gott und die Welt. Irgendwann wurde er jedoch zur Rechenschaft gezogen. Während eines Festgelages wurde aus dem kleinen See plötzlich ein riesiges Gewässer, das die ganze Burg samt Ritter und Gefolgschaft überschwemmte. Und manchmal, wenn es ganz still ist, dann kann man auf dem Grund des Mondsees noch heute die Ritterschaft lachen und grölen hören, denn anscheinend ist ihnen vor lauter Feiern gar nicht aufgefallen, dass sie tot sind!

Die Mondteiche in der Blockheide

Die zwei Mondteiche befinden sich im niederösterreichischen Gmünd. Ein mystischer Ort im Waldviertel, die Blockheide mit ihren Steinformationen und den zwei kleinen, mit Seerosen bedeckten Mondteichen. Einer Sage zufolge lebte in der Blockheide einst ein freundliches Männlein mit einem runden Mondgesicht. Stets trug es einen großen Hut, einen langen Mantel und eine Tasche bei sich, in der sich das gesamte Hab und Gut des Männleins befand. Man traf es in der Blockheide mit seinem Wanderstab, wenn es gemeinsam mit Kindern sang oder den Vögeln im Wald Musikunterricht gab. Das Männlein war sehr freigiebig und wenn es jemandem einen seiner kostbaren Silbertaler schenkte, konnte dieser glückliche Mensch ein ganzes Jahr lang damit bezahlen. Doch leider hörten zwei Landstreicher von dem Silberwunder und lauerten dem Männlein ganz in der Nähe der zwei Mondteiche auf. Die Warnung der Waldvögel kam zu spät und um den Räubern zu entkommen, sprang das Männlein in seiner Not in einen der zwei dunklen Mondteiche. Vor Enttäuschung und Gram über die Habsucht der Menschen ist das Männlein bis heute im Mondteich geblieben, und in besonders klaren Mondnächten kann man immer noch sein trauriges Gesicht darin erblicken, heißt es.

Der stille Mond

Mondbetrachtung zum Stillwerden

Der Mond ist ein guter Lehrmeister, um zur Ruhe zu kommen. Stellen Sie sich vor, auf dem Mond gibt es rein gar nichts, was für uns Menschen „aufregend" sein könnte. Dort herrschen absolute Stille und Ruhe.

Oft gibt es Tage, an denen man einfach nicht zur Ruhe kommt. Nervenaufreibende Situationen, die es schaffen, mit ins Bett zu gehen und die Gedanken kreisen zu lassen. Vielleicht ist gerade Vollmond, und Sie können ihn sehen. Stehen Sie einfach auf und blicken sie den Mond an, wenn Sie nicht schlafen können. Das hat eine beruhigende Wirkung auf uns Menschen. Wenn wir ihn anblicken, werden wir still. Obwohl wir heute wissen, was der Mond ist, und seine Geschichte und Beschaffenheit sehr genau kennen, ist er doch immer wieder ein beeindruckendes Bild für uns Menschen, wenn er so „voll" am Himmel steht.

Mondmeditation

Es gibt viele Mondrituale, die darauf schließen lassen, dass wir eine enge Verbindung zu unserem himmlischen Nachbarn pflegen. Jeder Mensch soll seine Beziehung zum Mond selbst erkennen, und jeder Mensch kann am eigenen Leib oder mit der eigenen Intuition erfühlen, ob der Mond Einfluss auf ihn ausübt oder nicht.

Eine besonders schöne Übung, in der es um die Intuition geht, ist eine Mondmeditation in Verbindung mit Gewässern. Es heißt, dass das Spiegelbild des Mondes uns Menschen dabei hilft, Kontakt mit unserem Unterbewusstsein aufzunehmen. So setzt man sich in einer Vollmondnacht an ein Gewässer und wartet, bis sich der Mond darin spiegelt. Wen bei dieser Vorstellung gruselt, dem sei geraten, dieses Ritual in Gesellschaft zu vollziehen. In die Stille zu gehen und dabei ruhig zu werden kann auch ein schönes Erlebnis zu zweit sein. Viele Möglichkeiten sind denkbar, wichtig ist nur, dass man sich dabei nicht fürchtet, sonst ist das Ritual vergeblich, denn dann ist man blockiert und es werden keine inneren Bilder auftauchen, die hilfreich sein könnten.

Der Mond kann helfen, das Innere nach außen zu kehren und Antworten auf Fragen durch innere Bilder entstehen zu lassen. Nutzen wir die Gelegenheit zur Inspiration und Ruhe. Eine Mondmeditation kann man jedoch auch bei jedem Vollmond vom Schlafzimmerfenster aus machen. Wichtig ist nur, dass man dabei ruhig wird und sich voll und ganz auf seine innere Bilderwelt einlässt.

Der Mond und die Wissenschaft

Die Entstehung des Mondes

Rund um die Anfänge des Mondes gibt es nicht nur viele Mythen und Geschichten, sondern auch die verschiedensten wissenschaftlichen Theorien. Durch Gesteinsproben vom Mond konnte festgestellt werden, dass seine Entstehung wohl durch eine gewaltige Katastrophe ausgelöst wurde.

Die noch glutflüssige und erst einige Millionen Jahre „junge" Erde wurde von einem massiven Gesteinsbrocken getroffen. Man muss sich vorstellen, dass es in unserem Sonnensystem „damals" noch etwas wilder zuging. Kleine Planeten schwirrten durch die Gegend und Gesteinsbrocken sausten unkontrolliert durch das Weltall. Einer dieser Brocken war „Theia", ein Planet, der in etwa so groß war wie der Mars.

Theia streifte die Erde und löste damit einen heftigen Rammstoß aus. Durch den Aufprall entstand ein 1000 Kilometer tiefes, riesiges Loch in der Erdoberfläche. Ein Teil des flüssigen Erdinneren „schwappte" dadurch über und wurde davongeschleudert. Auch ein Stück von Theia flog durch die starke Kollision davon und sammelte sich mit dem ausgetretenen glutflüssigen Erdmaterial als „Wolke" in der Erdumlaufbahn. Diese Wolke ballte sich zu einer Kugel, erkaltete langsam und wurde schließlich zu unserem heutigen Mond.

Es dauerte natürlich lange Zeit, bis sich der Mond zu seiner heutigen Form verfestigt hatte. Er entstand 40 Millionen Jahre nach der Urerde, heute ist er rund viereinhalb Milliarden Jahre alt. Bei seiner Entstehung war der Mond der Erde rund 15 Mal näher als heute. Die Erde drehte sich damals noch viel schneller, ein Tag bestand aus nur fünf Stunden. Der Mond entfernt sich auch heute noch von der Erde, jedoch in einem sehr langsamen Tempo.

Der Mond bremste die Erddrehung ab und stabilisierte damit ihre Umlaufbahn um die Sonne. Dadurch konnte sich über Millionen von Jahren schließlich auch „höheres" Leben auf der Erde entwickeln. Da hatte die Erde, oder besser gesagt „wir" Menschen, Glück. Denn ohne die Planetenkollision vor viereinhalb Milliarden Jahren gäbe es heute wohl den Mond nicht und damit auch kein menschliches Leben auf der Erde.

Der Mond und die Erde

Das Verhältnis von Erde und Mond hat eine Sonderstellung im Universum. Im Vergleich zu den erdähnlichen Planeten ist die Erde das einzige Gestirn im inneren Sonnensystem, das einen so vergleichsweise riesigen Mond besitzt. Beispielsweise kreisen um den Mars lediglich zwei winzige Gesteinsbrocken. Der Erdenmond ist der fünftgrößte Mond im Sonnensystem und hat einen Durchmesser von 3 476 Kilometern. Die übrigen vier größeren Monde ziehen ihre Bahnen um die Planeten Jupiter und Saturn. Im Vergleich zu den Planeten selbst sind diese Monde aber auch wieder ziemlich klein. Der Erdenmond hat durch seine Größe auch starken Einfluss auf die Erdachse. Die konstante Neigung der Erdachse ist dafür verantwortlich, dass wir auf der Erde Jahreszeiten haben. Sie sorgt für ein stabiles Klima, in dem sich das Leben auf unserem Planeten entwickeln konnte. Die Stabilität hängt stark mit der Größe unseres Mondes zusammen. Seine Gravitationskraft hält die Erde sozusagen fest und im Gleichgewicht. Simulationen haben ergeben, dass die Erdachse ohne Mond so stark schwanken würde, dass sich möglicherweise niemals ein lebensfreundliches Klima hätte entwickeln können.

Die Gezeiten – der Tanz zwischen Erde und Mond

Rein wissenschaftlich betrachtet werden die Gezeiten als periodische Wasserstandsänderungen der großen Gewässer der Erde bezeichnet. Ebbe und Flut wechseln in einem Abstand von 12 bis 13 Stunden miteinander ab. Die Gezeiten entstehen durch die Anziehungskraft von Sonne und Mond auf die Erde.

Darf ich bitten?

Romantisch gesehen bilden Erde und Mond eine Art Tanzpaar, das um einen gemeinsamen Schwerpunkt wirbelt. Nicht der Erdkern stellt diesen Schwerpunkt dar, sondern eine ganz andere Stelle. Weil die Erde um so viel schwerer ist als der Mond, liegt dieser Punkt rund 16 000 Kilometer unterhalb des Mondes jeweils auf der ihm zugewandten Stelle der Erdoberfläche. So wie beim schnellen Tanzen ziehen die Kräfte von Erde und Mond dabei nach außen. Diese Fliehkräfte wirken auch auf das Wasser der Erdoberfläche. Das Wasser „flieht" in Form von Ebbe und Flut nach außen und kehrt wieder zurück.

Auch die Sonne hat einen Einfluss auf die Gezeiten. Doch die Anziehungskraft der Sonne ist durch die große Entfernung nur halb so stark wie die des Mondes. Dennoch spielt sie eine Rolle und kann die Gezeiten sowohl verstärken als auch abschwächen.

Mondfinsternis

Eine Mondfinsternis tritt dann auf, wenn die Erde zwischen Sonne und Mond steht. Man kann sie von der „Nachtseite" der Erde aus beobachten. Es gibt eine totale und eine partielle Mondfinsternis, bei der nur ein Teil des Mondes von der Erde „beschattet" wird.

Bei einer Sonnenfinsternis steht der Mond zwischen Sonne und Erde. Auch hier wird wieder zwischen einer totalen und einer partiellen unterschieden. Eine Sonnenfinsternis wird nur von der Erde aus wahrgenommen. Die Sonne leuchtet natürlich weiter, währenddessen sich die Erde im Schatten des Mondes befindet.

Mondbeben

Wenn es schon kein „offizielles" Leben auf dem Mond gibt, so treten doch regelmäßige Mondbeben auf, die durch die Anziehungskraft der Erde ausgelöst werden. Dazu kommt es, weil der Mond der Erde nicht immer gleich nahe ist. Er umkreist sie in einer elliptischen Bahn und wechselt dabei ständig seinen Abstand. Mit einer Entfernung von 356 400 Kilometern ist er uns am nächsten und mit bis zu 406 700 Kilometern Abstand geht er am weitesten auf Distanz. Auf der Erde spürt man diese Unterschiede nicht weiter, für den Mond gibt es jedoch massive Auswirkungen in Form von regelmäßigen Beben. Wenn der Mond den erdfernsten und den erdnächsten Punkt durchläuft, entstehen leichte Beben in etwa 900 Kilometern Mondtiefe. Durch diese werden wahrscheinlich Spannungen abgebaut, die durch die unterschiedliche Stärke der Erdanziehungskraft entstehen.

Mondstaub

Die gesamte Oberfläche des Mondes ist mit Staub bedeckt. Wenn der Staub durch äußere Einflüsse wie eine Mondlandung einmal aufgewirbelt wird, schweben die Staubpartikel nicht, sondern fallen wie Steine ungebremst zu Boden. Mangels Luft kommt es aber nicht allzu häufig dazu, außer es treffen kleinere oder größere Meteoriten auf die Mondoberfläche, welche durch die fehlende Atmosphäre nicht vor kleineren Einschlägen geschützt ist wie etwa die Erde.

Im Fachbegriff nennt man den Mondstaub „Regolith". Er setzt sich aus winzigen Kügelchen zusammen, die aus geschmolzenem und wieder erhärtetem Gestein bestehen.

Die Astronauten, die auf dem Mond waren, berichteten über ihre persönlichen Erfahrungen mit dem Mondstaub: Dieser sei sehr fein und pulvrig, er klebe in Form von feinen Schichten leicht an den Schuhen fest. Und weil der Mondstaub gar so fein und pudrig ist, sind die Fußabdrücke der Astronauten im Mondstaub scharf und deutlich zu erkennen, und das bis heute, rund vierzig Jahre nach der letzten Mondlandung im Jahr 1972!

Die dicke Staubschicht gibt dem Mond auch seine typischen weichen Konturen. Die Staubdecke ist durchschnittlich zwischen zwei und acht Metern dick und erreicht an ihren „dicksten" Stellen sogar bis zu 15 Meter.

Männer auf dem Mond

Vor der ersten bemannten Mondlandung gab es zwischen Amerika und der damaligen Sowjetunion einen regelrechten „Wettstreit". Jede Nation wollte die erste auf dem Mond sein. Bekanntlich gewannen die Amerikaner diesen Wettlauf, als im Zuge der Mission Apollo 11 am 21. Juli 1969 um 3.56 Uhr MEZ mit Neil Armstrong, Buzz Aldrin und Michael Collins die ersten Menschen am Mond waren. Weitere fünf bemannte Mondlandungen fanden in den drei darauffolgenden Jahren statt. Zwischen 1969 und 1972 betraten insgesamt 12 Männer die Oberfläche des Mondes.

Müll und Kunst auf dem Mond

„Auf dem Mond findet man Dinge, die auf der Erde für immer verloren waren: Tränen, Seufzer von Liebenden, vergebliche Projekte, vergebliche Sehnsüchte, Geschenke an Prinzen und längst vergessene Almosen." (Giacomo Leopardi, italienischer Dichter, 1798–1837)

Auf dem Mond befinden sich mehr materielle Dinge, als man glauben könnte. Die Menschen haben im Rahmen ihrer Mondlandungen von 1969 bis 1972 ganz schön viel Müll auf dem Mond zurückgelassen: Unterteile von sechs Mondfähren, drei amerikanische Mondautos, Messgeräte und persönlichen Astronautenmüll. Auch unbemannte Mondsonden aus verschiedenen Ländern lagern auf dem Mond. Insgesamt dürften sich etwa 171 Tonnen menschlicher Abfall und Schrott auf dem Erdtrabanten befinden. Im Gegensatz dazu nahmen die Astronauten „nur" 382 kg Mondgestein mit auf die Erde.

Ein kleiner Exkurs: Haben Sie gewusst, dass es für Privatpersonen verboten ist, Mondgestein zu besitzen? Falls ein Mondmeteorit in ihren Garten fällt und nicht auf ihren Kopf, dann haben Sie wohl ausgesorgt, denn das Gestein von Mondmeteoriten ist pro Gramm zwischen 800 und 40 000 Dollar wert und darf im Gegensatz zum per Raumkapsel importieren Mondgestein auch von Privaten besessen werden. Die Wahrscheinlichkeit ist zwar gering, aber der Wert ist hoch. Einen Mondmeteoriten müsste man finden!

Noch ein ganz besonderes von Menschenhand geschaffenes „Etwas" befindet sich auf dem Mond: ein Kunstwerk mit dem Namen „Der gefallene Astronaut". Die 8,5 Zentimeter kleine Figur wurde gemeinsam mit einer Gedenktafel von der Apollo-15-Mission 1971 mit auf den Mond genommen. Sie soll an die sechs sowjetischen und acht amerikanischen Raumfahrer erinnern, die bei Raummissionen oder bei den Vorbereitungen dazu ums Leben gekommen sind. Geschaffen wurde die Statuette vom belgischen Künstler Paul Van Hoeydonck, ein Abguss davon befindet sich heute im National Air und Space Museum in Washington.

Monddaten auf einen Blick

Radius	1738 km (27 Prozent des Erdradius)
Masse	7,3483 x 10^{22} kg = 1/81 der Erdmasse oder 1,25 Prozent der Erdmasse
Oberfläche	38.000 000 km² (ungefähr die Größe von Nordamerika)
Durchmesser	3 476 km (27 Prozent des Erddurchmessers)
Volumen	2,2 x 1 010 km³ (2 Prozent des Erdvolumens)
Dichte	3,34 g/cm³ (Dichte der Erde: 5,5 g/cm³)
Schwerkraft	1,62 m/s² (16,5 Prozent der Erdschwerkraft)
Mittlere Entfernung zur Erde	384 403 km
Erdnächster Punkt	356 410 km
Erdfernster Punkt	406 740 km
Umlaufzeit um die Erde	27,32 Tage (Bezug auf die Fixsterne)
Phasenzyklus	29,53 Tage (von Vollmond zu Vollmond)
Aufbau	innerer Eisen-Kern (100–400 km Radius), Basalt-Mantel (1200–1600 km Dicke) und Kruste (70–150 km Kruste)
Temperatur am Äquator	ca. +130 °C auf der Tagesseite und ca. –170 °C auf der Nachtseite
Der Mond entfernt sich jährlich 3,5 bis 4 Zentimeter von der Erde	

Wie alles begann

✤ Der Himmelstanz ✤

Es war einmal ... eine Zeit, in der noch nicht so viel Bewegung auf der Erde herrschte wie heute. Doch das sollte sich ändern, als der Mond ins Spiel kam. Ein kleiner schüchterner Trabant, der aus der Erde geboren wurde und nun in ihrem Schutz seine Runden auf elliptischen Bahnen drehte. Der Erde gefiel das, endlich hatte sie Gesellschaft. Aus den gemeinsamen Bewegungen der beiden Himmelskörper wurde schließlich ein Tanz, der den Mond zum Beben und das Wasser der Erde zum Schäumen brachte.

Irgendwann beklagte sich der Mond, der Tanz war ihm viel zu wild. Doch die Erde hatte Gefallen daran. Ihre Meere bewegten sich dabei hin und her und das machte ihr großen Spaß. Der arme Mond hingegen hielt das Tanzen nicht so gut aus und hatte regelmäßig mit Mondbeben zu kämpfen. Doch tanzte er auch sehr gerne und schließlich nahm er die dadurch ausgelösten Mondbewegungen in Kauf und akzeptierte den wilden Tanz seiner übergroßen Freundin. Was hätte er auch anderes machen sollen? Weit und breit war keine andere Tanzpartnerin in Sicht und alleine im All herumzufliegen war für einen kleinen Mond wie ihn auf Dauer viel zu gefährlich. So tanzten sie und tanzten sie und tanzten sie. Die Erde wurde dabei immer lebendiger und glücklicher. Nie wieder wollte sie aufhören, mit dem Mond zu tanzen! Das Leben auf der Erde blühte und gedieh und der Mond war froh darüber, dass er seiner Tanzpartnerin so viel Freude bereiten konnte durch den gemeinsamen Himmelstanz.

✤ Wie sich die Sonne ✤ in den Mond verliebte

Es war einmal ... ein Zeitpunkt, an dem der Mond geboren wurde. Eigentlich entstand der Mond durch einen „Unfall" im Universum, aber gerade diesem „Unfall" verdanken wir Menschen heute noch unser Leben, denn ohne Mond gäbe es wohl auch kein menschenfreundliches Klima auf der Erde. Aber eins nach dem anderen. Die liebe Erde war gerade dabei zu entstehen, sie war noch nicht ganz fest, vor allem ihr Inneres bestand aus einer flüssigen Glutmasse, die sich erst über die Jahrmillionen stärker verfestigen sollte.

Kometenhagel gab es damals viele, und auch ganze Planeten flogen wild durch das Universum, so wie zum Beispiel Theia, ein Brockenplanet so groß wie der Mars, der wie aus dem Nichts auf die Erde zuraste. Aus der Bahn, wer nicht bremsen kann ... tusch, schon war es geschehen ... Theia krachte in die Erde, die durch den Aufprall so stark in Mitleidenschaft gezogen wurde, dass ein Teil ihres flüssigen Kerns überschwappte und davongeschleudert wurde. Theia selbst wurde durch den Aufprall vollständig zerstört. Aus Teilen von Theia und der übergeschwappten Erdmasse bildete sich schließlich der Mond, denn die herumfliegenden Theia-Brocken und die glutflüssigen Teile der Erde sammelten sich in deren Umlaufbahn und verdichteten sich mit der Zeit zu einem eigenen Himmelskörper – dem Mond.

Der Mond war noch etwas unbeholfen und brauchte seine Zeit, um sich seiner selbst bewusst zu werden. Er war gerade erst geboren worden, als die liebe Sonne schon auf ihn aufmerksam wurde.

„Ein neuer Mond, von dem habe ich ja noch gar nichts gehört. Ich, die Sonne, Herrscherin über das Sonnensystem! Na, den werde ich mir mal genauer ansehen!", dachte sie und schickte einen besonders hellen Strahl zum kleinen neugeborenen Mond. Dieser blinzelte verdutzt ins Sonnenlicht und fragte seinerseits: „Wer bist du? Ich kann dich nicht sehen vor lauter Glanz! Deine Schönheit blendet mich!"

Die Sonne war von diesem Kompliment geschmeichelt, der kleine Mond verstand es schon recht gut, seine Kleinheit mit schönen Worten wettzumachen.

„Ich bin die Sonne und beherrsche das Sonnensystem. Und wer bist du?"

„Ich bin der Erdenmond und bin gerade erst geboren worden. Ich begleite die Erde und erfreue mich an deinem Licht, denn jetzt kann auch ich strahlen!"

Die Sonne war begeistert von dem kleinen kühlen Mond, der so selbstbewusst war, dass er gleich frisch von der Leber weg mit ihr plauderte und sie gleichzeitig anhimmelte. Das gefiel der Sonne sehr.

Sie wollte den Mond gerne zu sich holen, doch das ging leider nicht. Zu heiß war sie für den kleinen, kalten Himmelskörper und außerdem hatte der Mond der Erde versprochen, sie ein Leben lang zu begleiten.

Immerhin hatte die Erde den Mond „geboren", zwar unfreiwillig, aber doch war der Mond ein Teil der Erde. Als Dank dafür stellte der Mond seine Umlaufbahn genauso ein, dass auf der Erde schließlich ein ganz besonderes Klima entstand, das dafür sorgte, dass sich über viele Millionen Jahre schließlich Leben auf der Erde entwickeln konnte.

Die Sonne beobachtete alles aus der Ferne und sehnte sich nach ihrem kleinen Freund, den sie so gern hatte. Immer wieder winkten Sonne und Mond sich zu und schickten sich Botschaften über die Sternenpost. Auf diesem Weg konnten die verliebten Himmelskörper jederzeit miteinander kommunizieren und sich einander nahe fühlen.

So lieben sich die beiden weiterhin aus der Ferne und bleiben gleichzeitig füreinander unerreichbar.

Und falls die Sehnsucht irgendwann einmal doch zu groß werden sollte und die beiden am Himmel wieder zueinanderfinden, dann werden wir Menschen sicher die Ersten sein, die diese Liaison am Himmelszelt bemerken.

Als sich Sonne und Mond noch trafen

Es war einmal … eine Zeit, zu der sich Sonne und Mond noch trafen. Es war eine Zeit, in der alles möglich war und alles noch nicht so schnell gehen musste wie heute. Tag- und Nachtschicht gab es zwar schon immer, doch nahmen es in früheren Zeiten Sonne und Mond nicht so genau mit dem Auf- und Untergehen.

Oft standen sie gemeinsam am Himmel und sprachen über Himmelsgeflüster und Erdengeschichten. Der Mond wusste allerlei zu berichten, denn in den Nächten spielte sich viel ab zwischen Himmel und Erde.

Eines Tages gesellte sich ein Stern zu den beiden und versuchte sich wichtigzumachen: „Wer von euch beiden ist denn eigentlich mächtiger? Sonne oder Mond?"

Sonne und Mond sahen sich verwundert an. Auf so einen Vergleich waren die zwei noch nicht gekommen. „Das ist nicht wichtig für uns", sagten sie.

Doch der Stern bohrte weiter: „Aber irgendwer von euch zwei muss doch mehr Macht haben als der andere?"

„Macht? Was ist denn das?", fragte der Mond.

„Macht ist, wenn du tun und lassen kannst, was du willst und auch noch bestimmen kannst, was andere machen sollen.", sagte der Stern.

Da gesellte sich noch ein Sternchen dazu und mischte sich ein: „Ja, aber du hast vergessen, dass Macht auch mit Verantwortung zu tun hat. Macht alleine kann gefährlich sein, die Verantwortung macht die Macht erst wirklich wertvoll."

Sonne und Mond sahen sich lange an. Und schließlich sprach die Sonne:

„Ich habe die Macht, so stark zu strahlen, dass du in der Nacht scheinen kannst. Es gefällt mir, wenn ich dich so strahlend schön am Himmel stehen sehe. Du hast die Macht, mich dazu zu bringen, es gerne für dich zu tun, weil ich dich sehr, sehr liebe."

Der Mond strahlte im Sonnenlicht und sagte: „Du hast die Macht, mich sichtbar zu machen, und ich habe die Verantwortung, mich in deinem Licht von meiner besten Seite zu zeigen. Dafür liebe ich dich."

Das Wissen über Macht und Verantwortung hatte rein gar nichts am Verhältnis zwischen Sonne und Mond geändert, im Gegenteil, diese Bewusstheit stärkte ihre Liebe noch mehr.

Der kritische Stern verzog sich wieder in sein Himmelszelt, zu gern hätte er einen Streit angezettelt zwischen Sonne und Mond. Und das kleine Sternchen war glücklich, dass es auch einmal etwas Gescheites hatte sagen können und landete sanft auf Wolke Sieben.

Warum sich Sonne und Mond heute nicht mehr begegnen, ist leicht erklärt. Sie hätten zwar noch die Macht dazu, lieben sich aber trotzdem aus der Ferne. Denn sie nehmen ihre Verantwortung sehr ernst, das Universum und die Erde im Gleichgewicht zu halten.

❧ Warum der Mond kein Planet sein kann ❧

Es war einmal … ein kleiner Planet namens Erde, der hatte seit viereinhalb Milliarden Jahren einen klitzekleinen Mond als Begleiter an seiner Seite. Es gab einige Planeten im Universum, die Monde hatten, doch der Mond der Erde war weit und breit der schönste, den ein Planet oder Stern jemals gesehen hatte.

Doch dem Mond reichte es nicht, einfach nur ein „Mond" zu sein, er wollte unbedingt ein Planet sein, so wie die Erde, Jupiter, Saturn, Venus und wie sie alle hießen, und so beschloss er eines Tages, einen offiziellen Antrag an die Sonne zu stellen. Die Sonne hatte das Sagen im Sonnensystem und so dachte der Mond, sie würde ihm wohl auch helfen können, wenn es darum ging, zum Planeten befördert zu werden. Das war schon eine große Sache für so einen kleinen Trabanten. Und so verfasste er ein himmlisches Schreiben mit vielen ernsthaften Begründungen, warum er, der kleine Erdenmond, zum Planeten befördert werden sollte.

Liebe Frau Sonne!
Ich bin der Mond der Erde, und ich möchte gerne zu einem Planeten werden.
Folgende Gründe sprechen sehr dafür:

Ich bin der schönste Mond im Sonnensystem.
Ich bin schon viereinhalb Milliarden Jahre alt.
Ich stamme von zwei Planeten ab (Theia, gab das Leben für mich hin, und Mutter Erde, die ich heute noch umkreise).
Es gab bereits menschliches Leben auf mir (Mondlandungen).
Ich habe viele Mondbewohner (Mondelfen, Mondfee, Mondtierchen).
Die Menschen lieben mich.

Ich hoffe, dass meinem Ansuchen bald stattgegeben wird, denn ich fühle mich schon lange bereit, ein Planet zu sein!

Mit himmlischen Grüßen
Der Erdenmond

Die liebe Frau Sonne war ganz gerührt vom Schreiben des kleinen Mondes. Die Ordnung im Sonnensystem verlangte es jedoch, dass jeder Himmelskörper seine Rolle als Planet, Mond oder Fixstern einnahm, denn sonst gäbe es bald ein großes Durcheinander. Der harmonische Tanz der Himmelskörper würde aus dem Gleichgewicht geraten und kein Planet oder Mond würde mehr wissen, wo er hingehört. So antwortete die liebe Sonne dem kleinen Erdenmond:

„*Mein lieber Mond,*

ich kann dich gut verstehen. Nicht immer will man der sein, der man ist, und manchmal könnte man glauben, etwas Besseres verdient zu haben, eine bessere Stellung im Universum oder einfach nur die Aufwertung vom Mond zum Planeten. Doch, lieber Mond, so einfach ist das nicht. Wenn ich dich zum Planeten mache, dann wirst du dich verändern, du wirst die Erde verlassen und somit das Leben auf der Erde in Gefahr bringen. Ich glaube nicht, dass du das möchtest. Du hast eine wichtige Aufgabe übernommen, damals vor viereinhalb Milliarden Jahren. Du hast die Erde ins Gleichgewicht gebracht und damit menschliches Leben ermöglicht. Du kannst stolz auf dich und deine Funktion als Erdenmond sein. Da ich dich nicht zum Planeten machen kann, möchte ich dir als kleinen Trost die höchste Auszeichnung für einen Mond in unserem Sonnensystem zuteilwerden lassen, die mir bekannt ist. Ich ernenne dich zum ‚Besten Mond aller Zeiten' und freue mich, wenn auch du dir deiner Einzigartigkeit bewusst wirst."

Als der Mond das Schreiben der Sonne las, war er enttäuscht, so sehr hatte er sich gewünscht, ein echter Planet zu werden. Monde waren rar, und genau so einen passenden Mond noch einmal zu finden, mit derselben Dichte, Größe und liebevollen Art, das wäre für die Erde wohl unmöglich gewesen.

So sah der Mond schließlich ein, dass es besser war, als Mond bei der Erde zu bleiben. Er freute sich über seine Auszeichnung, die er von der Sonne verliehen bekommen hatte und zog weiter seine Bahnen. Und wenn wir den Mond von der Erde aus betrachten, dann können wir uns freuen, weil uns auch heute noch der ‚Beste Mond aller Zeiten' umkreist!

Der Mondstaub

✢ Die Mondfee ✢

Es war einmal … ein kleiner Mond. Er umkreiste die Erde und machte das wirklich sehr gerne. Doch der unbewohnte Mond hatte sich in seinem Leben noch nicht viele Gedanken darüber gemacht, warum er eigentlich seine Bahnen um die Erde zog, und dass er rund war, das wusste der Mond auch noch nicht.

Eines schönen Tages flog wieder einmal eine Schar Feen durchs Universum. Diese sind immer auf der Suche nach gutem Sternenstaub, den man ja bekanntlich zum Zaubern braucht. Eine der Feen war schon etwas müde und beschloss, sich auf dem Mond ein wenig auszuruhen. Höflich fragte sie ihn, ob er ihr eine kleine Rast auf seiner Oberfläche gewähre, und höflich, wie der Mond nun eben einmal ist, willigte er ein.

Die Mondfee war begeistert über den vielen Sternenstaub, der sich auf der Oberfläche des Mondes befand. So eine feine Qualität hatte sie schon lange nicht mehr entdecken können.

Kurz nachdem sich die Fee auf dem Mond niedergelassen hatte, vernahm sie ein fernes Flehen und spürte ein sehnsüchtiges Hoffen, das von der Erde zu kommen schien. Wünsche kamen geflogen und Liebesschwüre. Die Botschaften wollten gar nicht mehr aufhören.

Die Fee fragte den Mond: „Was sind denn das für Stimmen und Wesen, die dich da ansprechen, als würden sie dich gut kennen?"

Der Mond wusste es nicht. Er wusste zwar, dass Mutter Erde ihn sehr gern hatte, doch dass es auf der Erde Lebewesen gab, die ihn sehen konnten, das war ihm bisher entgangen. So konnte er natürlich auch die Botschaften der Menschen nicht verstehen.

Die Fee hatte die Gabe, die Menschenstimmen aus großer Entfernung wahrzunehmen, und sie konnte auch mit dem Mond kommunizieren. Es war also kein Zufall, dass sie auf dem Mond gelandet war. So hörte sie gut zu und erzählte dem Mond alles, was sie von der Erde aus zu hören bekam.

Es war gerade Vollmond und da kamen besonders viele Menschen auf die Idee, mit dem Mond zu sprechen. Ihm ihre Wünsche kundzutun und ihn vor allem um Hilfe in Liebesdingen zu bitten.

Der Mond war verblüfft, was ihm die Fee da alles erzählte. Er fühlte sich geehrt, dass es Wesen gab, die sich mit ihren Anliegen an ihn wandten. Doch wie sollte er ihnen helfen und warum nur glaubten die Menschen, dass er eine Lösung für ihre Probleme haben könnte?

Die Mondfee hatte eine gute Idee. Sie beschloss, ab sofort auf dem Mond ihre Feenzelte aufzuschlagen und von hier aus gemeinsam mit dem Mond den Menschen zu helfen. Sie lud noch einige ihrer Elfenfreunde dazu ein, und so wurde es immer belebter auf dem Mond. Der Erdtrabant freute sich riesig darüber, dass ihm nun endlich jemand Gesellschaft leistete.

Der Fee wurde schließlich der Name „Mondfee" verliehen und ihre Elfen wurden zu den „Mondelfen". Immer wieder flog die Mondfee mit ihrem Gefolge und jeder Menge „Mondstaub" auf die Erde, um den Menschen – vor allem in Liebesdingen – beizustehen. Am Mond selbst wurden alle menschlichen Anfragen, Wünsche und Sehnsüchte von den Elfen gesammelt. Es konnten zwar nicht alle erfüllt werden, doch die Herzenswünsche hatten immer Vorrang.

Die Mondfee hatte alle Hände voll zu tun und der Mond war froh darüber, dass mithilfe seines Sternenstaubes den Menschen nun geholfen werden konnte. Denn der Sternenstaub des Mondes hat eine ganz besondere Qualität. Er wirkt heilsam auf das Gemüt der Menschen.

Am schönsten war es für den Mond zu wissen, dass ihn die Menschen auf der Erde so bewunderten. Als würde er nun ihre Blicke spüren, sonnte er sich in den Vollmondnächten nicht nur im Sonnenlicht, sondern auch in der Gewissheit, dass er auf der Erde gesehen wurde und dass die Menschen zu ihm hinaufblickten. Manchmal spürte er die guten Gefühle der Menschen, und ein anderes Mal waren die Empfindungen wieder voller Traurigkeit und Sehnsucht nach Liebe. So lernte der Mond die menschliche Gefühlswelt kennen.

Die Mondfee lehrte den Mond, die Botschaften der Menschen zu verstehen. Über die Jahrhunderte wurde er immer sensibler für die Stimmen der kleinen Wesen auf der Erde.

Die Mondfee wohnt mit ihren Elfen noch immer auf dem Mond und da Feen ewig leben, hilft sie auch heute noch dabei, die Sehnsüchte und Wünsche der Menschen zu erfüllen, die in der Nacht den Mond anhimmeln.

❋ Das Mondtierchen ❋

Es war einmal ... auf dem Mond. Mondfee und Mondelfen hatten sich gut auf dem Mond eingelebt. Da brachte eine kleine Mondelfe von ihrem Ausflug in die Sternenzelte eines Tages ein possierliches Tierchen mit. Sie nannten es „Mondtierchen".

Es war ein kuscheliges Wesen. Wo immer es jemanden antraf, da fing es gleich an zu kuscheln und das gefiel den Elfen sehr. Auch die Mondfee hatte Freude an dem Mondtierchen, das sich je nach Belieben größer oder kleiner machen konnte. So lebte das Tierchen von nun an auf dem

Mond, der es auch sehr schnell lieb gewonnen hatte.

Das Mondtierchen war sehr interessiert am Leben auf der Erde. Da wurde angeblich auch sehr viel gekuschelt, aber leider noch viel mehr gestritten und gekämpft. Das verstand das Tierchen nicht, warum um Himmels willen konnte man sich für einen Kampf entscheiden, wenn man sich mit dem Gegenüber doch genauso gut hätte anfreunden und kuscheln können?

Über die Jahrhunderte wurde das Mondtierchen zu einem richtigen Experten in Sachen Liebe, es hatte auf dem Mond so viel über die Liebesdinge der Menschen erfahren, dass es ein dickes Buch darüber hätte schreiben können, dessen Seiten wohl vom Mond bis zur Erde gereicht hätten.

Doch was sollte das Mondtierchen mit dem vielen Liebeswissen auf dem Mond nur anfangen? Der Mond war natürlich schon ein alter Hase auf diesem Gebiet geworden, die Mondfee und die Elfen sowieso, doch unser Mondtierchen wollte nicht nur den Menschen helfen, es wollte die Menschen darüber aufklären, was für ein Glück sie eigentlich hatten, dass sie lieben konnten, dass sie über einen Körper verfügten und dass sie damit kuscheln konnten.

So bat das Mondtierchen die Mondfee, einmal mit auf die Erde fliegen zu dürfen, um sein Wissen über die Liebe zum Einsatz zu bringen. Die Mondfee willigte ein. Das Mondtierchen versprach, dass es, sobald der Morgen graute, wieder mit ihr zum Mond zurückkehren würde. Eine ganze Nacht hatte es also Zeit für seine Mission.

Doch wie sollte es auf der Erde in Erscheinung treten, um nicht aufzufallen? Die Mondfee hatte eine gute Idee und verwandelte das Mondtierchen in eine weiße Katze. Denn auch Katzen kuscheln sehr gerne und in Katzengestalt würde es nicht auffallen, wenn unser Mondtierchen sich an einen Menschen herankuscheln würde. Und das würde es ganz, ganz sicher tun, denn nichts, rein gar nichts, konnte das Mondtierchen vom Kuscheln abhalten.

Auf der Erde gelandet, freute sich das Tierchen auf seine Nacht in geheimer Liebesmission. Schon vom Mond aus hatte es sich eine besonders traurige Frau ausgesucht. Die Frau hatte Liebeskummer, hier wollte das Mondtierchen helfen. Natürlich hatte es auch etwas heilsamen Mondstaub von der Mondfee mit auf den Weg bekommen, denn man konnte ja nie wissen, wofür man den Mondstaub brauchen konnte, sicher ist sicher.

Die Frau, die Besuch vom Mondtierchen bekommen sollte, lebte in einer kleinen Wohnung in einer großen Stadt. Das Betätigungsfeld wäre groß gewesen in dieser Stadt, so viele Herzen schmerzten hier und sehnten sich nach Liebe. Doch das

Herz dieser Frau war gebrochen, es stand schlecht um sie. Vor lauter Liebeskummer konnte sie nicht mehr essen und schlafen.

Das Mondtierchen schlüpfte in Gestalt einer Katze durch ein offenes Fenster in die Wohnung und kuschelte sich sofort an die traurige Frau. Die Frau mochte Katzen und war erstaunt über den ungewöhnlichen Besuch. Als sie die Katze streichelte, fing diese nicht nur an zu schnurren, sondern nach kurzer Zeit auch zu reden.

„Gute Frau, warum bist du so traurig?", fragte das Mondtierchen und hatte ganz darauf vergessen, dass Katzen auf der Erde nicht mit Menschen sprechen konnten.

„Du kannst sprechen?", die Frau war erstaunt.

„Hab keine Angst, liebe Frau, ich will dir helfen!"

Die Frau war so verwirrt und traurig, dass es ihr egal war, dass eine Katze zu ihr sprach.

„Also", forschte das Mondtierchen weiter, „warum bist du so ein Häuflein Elend?"

Die Frau erzählte von ihrem Liebeskummer, sie hatte sich in den falschen Mann verliebt, dieser hatte sie nie wirklich geliebt und sie schließlich verlassen, doch konnte sie ihn einfach nicht vergessen, bei jedem Atemzug dachte sie nur an ihn …

Ein wahrlich tragischer Fall. Das Mondtierchen hatte Tausende solcher Fälle auf dem Mond miterlebt. Die einen lieben über alles, die anderen lassen es zu, genießen es eine Zeit lang und gehen dann von heute auf morgen, weil sie sich in jemand anderen verliebt haben. Grundsätzlich blieben nur wenige Menschen von diesem ungerechten „Liebesspiel" verschont. Warum ist das nur so, warum verlieben sich die Menschen immer wieder in die falschen Partner? Warum gibt es so oft diese Einbahnstraßenliebe? Diese Frage hatte sich das Mondtierchen schon häufig vom Mond aus gestellt. Jetzt war es auf der Erde gelandet und hatte nicht nur die Möglichkeit, einer verzweifelten Frau zu helfen, sondern auch selbst noch etwas über die Liebe zu lernen.

„Liebe Frau, kannst du mir sagen, hast du geglaubt, dass er dich liebt, der Mann an deiner Seite, hattest du das Gefühl, dass seine Gefühle für dich genauso stark waren wie die deinen?"

Die Frau schüttelte den Kopf.

„Ja, aber warum leidest du dann so. Sei doch froh, dass er gegangen ist, er macht dir den Weg frei für eine neue Beziehung, zu einem Mann, der dich wirklich liebt und der es nicht nur bequem findet, mit dir zusammen zu sein."

Wenn es doch nur so einfach wäre. Das Mondtierchen hatte auf dem Mond ganz viel Liebestheorie studiert, aber der Liebe oder dem Liebeskummer selbst begegnete es jetzt zum ersten Mal in seiner wahrhaft traurigen Gestalt.

Natürlich hätte das Mondtierchen jetzt gleich seinen Mondstaub auspacken und die Frau von ihrem Liebeskummer schlagartig befreien können, doch damit wollte es noch ein wenig warten und lieber zuerst der Sache auf den Grund gehen.

Die Frau hatte Angst, keinen anderen Mann mehr zu finden, der sie lieben würde und mit dem sie glücklich leben konnte. Das war natürlich Unsinn! Das Mondtierchen belehrte die Frau, dass die Liebe unendlich sei, und wenn man mit offenem Herzen durchs Leben gehe, dann begegne man auch immer wieder der Liebe. Und nicht nur in Form eines Partners, sondern auch in Form von kleinen Dingen, von zwischenmenschlichen Begegnungen, von Naturerlebnissen, von liebevollen Situationen in der Familie oder vielleicht auch am Arbeitsplatz, in der U-Bahn, beim Bäcker, und, und, und …

Das Mondtierchen geriet ins Schwärmen, so sehr liebte es die Liebe, dass es gar nicht verstehen konnte, wie man nur imstande war zu glauben, dass dieses universelle Gut jemals zu wenig werden würde.

„Gott liebt die Menschen, er liebt die Erde, er liebt den Mond, die Sonne und das gesamte Universum. Gottes Liebe ist unermesslich groß. Er hat sie euch Menschen geschenkt und euch die Möglichkeit gegeben, sie zu teilen. Dabei wird sie keinesfalls weniger, nein ganz im Gegenteil, die Liebe wird immer mehr und mehr, wenn wir sie weiterschenken."

„Ja, aber ich habe doch meinen Mann über alles geliebt, aufrichtig und von Herzen, alles hätte ich für ihn getan, wirklich alles, aber er wollte meine Liebe einfach nicht haben."

„Sei dir bewusst, liebe Frau, wenn jemand deine Liebe verschmäht, dann kannst du das nicht ändern. Liebe geht niemals verloren. Die Liebe, die du deinem Mann geschenkt hast, wartet darauf, zu dir zurückzukommen, du hast noch so viele Jahre vor dir, in denen du glücklich leben kannst! Fang am besten jetzt gleich damit an, dich selbst zu lieben!"

Die Frau jammerte weiter, dass sie das schon längst versucht hätte, doch immer wieder wurde sie rückfällig, geriet in ihr altes Muster und wand sich vor Herzschmerzen, weil ihr Mann sie verlassen hatte.

Das Mondtierchen hatte genug gehört. Es war höchste Zeit für den Einsatz des Mondstaubes. Eine Prise reichte und die Frau fühlte sich gleich besser. Die schwere Last war von ihrem Herzen gefallen, sie fühlte sich plötzlich frei und gelöst von ihrem erdrückenden Liebeskummer.

Der Morgen graute und das Mondtierchen musste zurück auf den Mond.

„Ich komme wieder", sagte es zu der Frau, „und ich werde dir dabei helfen, die wahre Liebe zu finden! Glaub nur fest daran, dann wird es auch geschehen!"

Die Frau war glücklich und versprach ab sofort achtsam mit ihren Gedanken und Handlungen umzugehen.

Immer dann, wenn sie Gefahr lief, ihrem Mann nachzutrauern, sollte sie sich ins Gedächtnis rufen, dass dieser sie nie wirklich geliebt hatte und dass die wahre Liebe noch auf sie warten würde. Diese neue Sichtweise gab der Frau Hoffnung und neuen Lebensmut.

Natürlich half der Mondstaub dabei, dass sie sich aus ihrem alten Muster lösen konnte, doch muss der Mensch immer auch selbst bereit sein, sein Leben zu verändern, bevor ihm wahrlich geholfen werden kann.

Es war vollbracht, das Mondtierchen war bei seiner ersten Mission auf der Erde sehr erfolgreich gewesen. Die Mondfee lobte es und nahm es wieder mit zurück auf den Mond.

Das Mondtierchen besuchte die Erde immer öfter und half den Menschen dabei, die Liebe besser zu verstehen, und natürlich auch, die wahre Liebe zu finden.

Die nun hoffnungsvolle Frau begegnete schließlich einem lieben Mann, der sie bis ans Ende ihrer Tage begleitete und der sie aufrichtig liebte. Das Mondtierchen hatte dafür gesorgt, dass diese zwei einsamen Menschen, die sogar in derselben Straße wohnten, zueinanderfanden, und es hatte große Freude daran, die herzliche Beziehung seines ersten Liebespaares vom Mond aus zu beobachten.

Und da auch das Mondtierchen ewig lebt, kommt es auch heute noch auf die Erde, um uns Menschen in Liebesdingen zu helfen. Also wundert euch nicht, wenn eure Kuscheltiere zu sprechen beginnen, es könnte das Mondtierchen sein, das euch die wahre Liebe bringt.

Die böse Hexe und der Mondstaub

Es war einmal ... vor langer, langer Zeit. Noch lange bevor die gute Mondfee mit ihren Elfen auf den Mond gefunden hatte und noch lange bevor sich das Mondtierchen auf dem erdnahen Planeten nützlich machen konnte.

Da gab es eine böse Himmelshexe, die wusste nichts Besseres, als den Himmelskörpern ihre Schätze zu stehlen und sie für sich und ihre Hexenkunst zu missbrauchen. Eines Tages landete sie auf dem Mond und bemerkte die Reinheit des Mondstaubes. Dieser Staub war etwas ganz Besonderes, das merkte die böse Hexe sofort, und so wollte sie ihn haben.

Ohne den Mond zu fragen, fing sie an, mit ihrem Besen den Mondstaub in einen großen Sack zu fegen. Der Mond machte gerade ein Nickerchen und spürte ein feines Kitzeln, als die Hexe immer tiefere und tiefere Schichten des Mondstaubes hervorzukehren begann.

So wachte der Mond schließlich auf und fragte die Hexe:

„Was machst du denn mit deinem Besen?"

Die Hexe war nicht dumm und hatte sofort eine Ausrede parat: „Schlaf weiter, Mond, ich befreie deine Oberfläche vom lästigen Staub und du wirst sehen, wie hübsch du danach aussiehst, wenn du nicht mehr so eine dicke Staubdecke mit dir herumtragen musst!"

Der Mond ließ es sich gefallen und als die Hexe fertig war mit dem Kehren, war ihr Sack so prall gefüllt, dass sie ihn fast nicht mehr mit sich fortschleppen konnte. Mühsam band sie den riesigen Sack voll Mondstaub an ihrem Besen fest und flog, so schnell sie konnte, wieder davon.

Jetzt war es geschehen, der Mond hatte keinen Mondstaub mehr und fühlte sich irgendwie nackt. Seine weichen Konturen waren zu schroffen Umrissen geworden und je länger seine Nacktheit andauerte, umso kälter wurde ihm. Bis jetzt hatte er gar nicht gewusst, wie wohlig warm ihn sein Mondstaub hielt und wie sehr ihm seine weiche Staubschicht fehlen würde. Doch die Hexe war verschwunden und mit ihr der kostbare Mondstaub.

Doch der Mond hat eine mächtige Beschützerin, die liebe Frau Sonne. Er war seit jeher ihr Liebkind und sie hatte immer ein besonderes Auge auf ihren „Augenstern". Doch just in jenem Moment, als die böse Hexe den Mondstaub stahl, hatte auch die liebe Sonne nicht aufgepasst. Als sie den Mond jetzt so ganz nackt und ohne Mondstaub erblickte, war sie entsetzt und fragte voller Besorgnis:

„Mein lieber Mond, wer hat dir deinen Mondstaub geraubt, wer hat dir deine Schutzschicht genommen!?"

Der Mond schämte sich, so ganz nackt der lieben Sonne gegenübertreten zu müssen. Er zitterte nicht nur vor Kälte, sondern auch vor Scham. Doch die Sonne schien ihn liebevoll mit ihren Strahlen an, damit er sich an ihnen wärmen konnte.

„Es war eine Hexe zu Besuch auf meiner Oberfläche und die meinte, sie wolle mich befreien von dem vielen Staub, und es hörte sich so an, als ob sie es gut meinte, aber ich glaube, das war ein großer Fehler, dass sie mir den Mondstaub fortgenommen hat, das war keine gute Idee!"

Die Sonne wurde zornig. Nicht zum ersten Mal hatte sie vom Unwesen der bösen Hexe gehört, die auch schon versucht hatte, die Ringe des Saturn zu stehlen. Doch dass sie nicht einmal ihren Liebling, den Mond, verschone, das machte die liebe Sonne besonders wütend!

„Hexe, zeig dich!", schrie die gewaltige Sonne ins Universum hinein, sodass jedem Planeten und Wesen im All angst und bange werden musste.

Die Hexe aber fühlte sich keineswegs angesprochen. Sie hatte sich aus dem wunderbaren Mondstaub ein gemütliches magisches Zuhause auf einem Planeten im hintersten Himmelszelt gebaut und gab sich nicht zu erkennen.

Doch der Sonne bleibt nichts verborgen. Mit einem ihrer besonders starken Strahlen beleuchtete sie den Planeten, auf dem sich die böse Hexe befand, und stellte sie zur Rede.

Die Hexe erschrak, sie hatte nicht damit gerechnet, dass sie es mit der mächtigen Sonne höchstpersönlich zu tun bekäme. Sofort willigte sie ein, den Mondstaub so schnell wie möglich wieder auf den Mond zurückzubringen, ihn gleichmäßig zu verteilen und sich nie wieder blicken zu lassen im Sonnensystem. Denn mit der Sonne durfte man es sich nicht verscherzen, das wusste auch die böse Hexe.

Ui, wie freute sich der Mond, als es ihm wieder kuschelig warm wurde rund um seine Rundungen. Der Mondstaub war wieder da und mit ihm kam auch die Gemütlichkeit zurück. Die böse Hexe aber wurde zur Strafe für ihre Tat aus dem Sonnensystem verbannt und durfte sich dem gutmütigen Mond nie wieder nähern. Der Mond hatte dazugelernt, dass er nicht alles glauben durfte, was man ihm sagte, und dass es nicht alle Wesen gut mit ihm meinten. Die Sonne hatte sein Gleichgewicht wiederhergestellt und dafür gesorgt, dass er auch in Zukunft fest von seiner wunderbaren Staubschicht geschützt wurde.

Und so kümmert sich die liebe Sonne auch weiterhin um das Wohlergehen der Himmelskörper in ihrem Sonnensystem und erfreut sich besonders an ihrem Liebling, dem Mond.

❖ Das Lebensgewürz ❖

Es war einmal ... ein Mann, der machte sich auf die Suche nach dem Lebensgewürz. Er hatte davon gehört, dass es ein Gewürz geben sollte, das die Herzen der Menschen erwärmt, das die Seelen heilt und die Menschen glücklich macht. Er suchte im ganzen Land, doch hatte noch nie jemand von diesem besonderen Gewürz gehört.

Nachdem ihm die Menschen in Stadt und Land keine Auskunft geben konnten, begann er, die Natur zu befragen. Er fragte den Fluss, er fragte die Bäume, er fragte einen Berg und schließlich fragte er einen einfachen Grashalm am Wegesrand. Der Grashalm war so erfreut, dass ein Mensch ihn um Rat fragte, dass er tief in seine Wurzeln hineinhörte.

„Lieber Mensch, das Lebensgewürz findest du auf dem Mond, es ist der Mondstaub, den du suchst!"

Endlich hatte der Mann einen Anhaltspunkt! Er bedankte sich höflichst bei dem Grashalm und wartete, bis es Nacht wurde. Der Mond war gerade erst aufgegangen, als der Mann schon drauflosplapperte:

„Lieber Mond, stimmt es, dass dein Staub für uns Menschen als Lebensgewürz dient?"

Auch der Mond war erstaunt, er hatte schon viele Bitten, Ansinnen und Wünsche der Menschen vernommen, aber die Frage nach dem Lebensgewürz hatte ihm noch nie ein Erdenbewohner gestellt.

Er antwortete: „Lieber Erdling, du suchst das Lebensgewürz und denkst, es befindet sich auf dem Mond? Da hast du gar nicht so unrecht. Seit es euch Menschen gibt, blickt ihr mich an, voller Sehnsucht, Liebe und Hoffnung. Einst war ich ein toter Mond, doch durch die Abermillionen liebevoller Gedanken und Wünsche wurde ich über Jahrtausende mit der Zuneigung der Menschen angereichert. Ich begann zu fühlen, zu lieben und mich zu sehnen und dadurch wurde der früher so wertlose Staub auf mir immer kostbarer. Oft kommen Engel, Feen und Elfen zu mir und holen sich eine Portion Mondstaub, oder wie du es nennst, das „Lebensgewürz". Sie bringen es zu euch Menschen und helfen euch damit, wenn es euch schlecht geht im Herzen und in der Seele. Doch noch nie hat mich ein Mensch selbst danach gefragt, du bist der Erste."

Der Mann war verblüfft, der Grashalm hatte also die Wahrheit gesprochen, das Lebensgewürz befand sich wirklich auf dem Mond.

Normalerweise durfte der Mond seinen Mondstaub nicht direkt an die Menschen weitergeben, denn sonst würde wohl die ganze Menschheit auf die Idee kommen, sich vom Mond mit „Lebensgewürz" versorgen zu lassen. Dann wäre es schnell verbraucht und wohl auch für falsche Zwecke vergeudet. Für den suchenden Mann wollte der Mond aber eine Ausnahme machen. Doch musste sich dieser an drei Bedingungen halten: Er durfte niemandem von dem Lebensgewürz erzählen, er durfte es nur dann anwenden, wenn es wirklich notwendig war, und er durfte es nur für andere Menschen verwenden und nicht für sich selbst. Würde er eine dieser Bedingungen jemals missachten, so würde das Lebensgewürz sofort seine Wirkung verlieren.

Noch in derselben Nacht bekam der Mann im Traum Besuch von der Mondfee. Sie legte ihm ein kleines silbernes Säckchen unter das Kopfkissen. Und als er am Morgen aufwachte, fand er dort tatsächlich einen schmalen Beutel mit Mondstaub. Neugierig begutachtete der Mann das Geschenk des Mondes. Der silbergraue Staub sah nicht besonders außergewöhnlich aus – doch er war es.

Ab diesem Tag trug der Mann das Säckchen an einer silbernen Kette um den Hals und suchte nach guten Gelegenheiten, um das Lebensgewürz sinnvoll anzuwenden. Eines Tages traf er eine traurige alte Frau, die vor einiger Zeit ihren geliebten Mann verloren hatte. Der Kummer saß tief in ihrem Herzen und ihre Augen waren vom vielen Weinen ganz rot und geschwollen. Die Alte teilte mit dem Mann nicht nur ihr Leid, sondern auch ihr kärgliches Mahl, das aus einer Mehlsuppe und Brotkrumen bestand. Als sich die Alte gerade ihre Tränen aus den Augen wischte und sich herzzerreißend schnäuzte, streute ihr der Mann schnell eine Prise Lebensgewürz in die Suppe. Die Alte bemerkte nichts davon, das Lebensgewürz hat nämlich keinen Geschmack, und löffelte weiter. Bereits während des Essens erhellte sich ihr Gemüt. Sie wurde immer fröhlicher und erzählte voller Liebe von ihrem verstorbenen Mann. Ihre Augen begannen zu strahlen und ihr Lächeln wurde selig. Im Herzen war sie bei ihrem geliebten Gatten, das Andenken an ihn machte sie jetzt glücklich statt traurig. Wie durch ein Wunder war der große Kummer von ihr gegangen und die Lebensfreude war zurückgekehrt. Auch der Mann war jetzt sehr glücklich, als er sah, dass die Frau durch das Lebensgewürz selbst wieder lebendig wurde.

Als Nächstes traf der Mann ein junges Mädchen, das sich von Liebeskummer geplagt in einen Brunnen stürzen wollte. Der Mann kam gerade noch rechtzeitig, um es davon abzuhalten. Auch das Mädchen klagte ihm sein Leid. Es war „unsterblich" verliebt in einen jungen Mann, der heute eine andere heiraten würde. Und auch diesem Mädchen konnte geholfen werden. Der Mann bat es, die Augen zu schließen, und in diesem Moment streute er über das verzweifelte Haupt eine Prise des guten Mondstaubs. Flugs war das Mädchen von seinem Liebeskummer befreit. Vor lauter Freude fiel es dem Mann um den Hals und bedankte sich stürmisch für die wiedergewonnene Lebensqualität. Der ganze Liebeskummer war wie ein schwerer Klumpen von ihm abgefallen und plumpste direkt in den Brunnen: „Platsch" machte es da unten und fort war der große Herzschmerz.

Zufrieden zog der Mann weiter. Nun traf er in einem Gasthaus einen todunglücklichen Wirt. Dieser wollte eigentlich kein Wirt sein, sondern viel lieber Sänger und Komödiant. Auch er klagte dem Mann sein Leid und auch ihm wurde geholfen. Als der Wirt gerade das Essen aus der Küche holte, streute der Mann ihm etwas Lebensgewürz in seinen Bierkrug. Nach dem nächsten kräftigen Schluck ging es dem Wirt gleich viel besser. Er fing zu singen an und sprang mit einem Satz auf den Tisch. Von diesem Tag an unterhielt er seine Gäste mit lustigen Liedern und Schwänken. Er war glücklich, denn er hatte entdeckt, dass er beides sein konnte, Wirt und Komödiant in einer Person und noch dazu in seiner eigenen Gaststätte! Die Leute kamen scharenweise, um den singenden Wirt zu sehen und zu hören, und bald konnte er sich durch das gute Geschäft eine fleißige Bedienung leisten und sich nur noch seiner Lebenskunst widmen.

Der Mann hatte das Lebensgewürz sehr weise und sinnvoll zum Einsatz gebracht. So wie es ihm der Mond aufgetragen hatte, war er vorgegangen. Niemandem hatte er jemals davon erzählt und nur dann verwendete er eine Prise davon, wenn es wirklich notwendig war.

Der Mond war zufrieden mit dem Mann. In einer besonders schönen Vollmondnacht sprach er deshalb zu ihm:

„Mein lieber Mensch, du machst deine Sache gut. Du hast das Herz am rechten Fleck und freust dich, wenn du deinen Mitmenschen helfen kannst. Dafür sollst du belohnt werden! Denn ich verrate dir jetzt ein Geheimnis. Für dich selbst kannst du das Lebensgewürz nicht anwenden, aber du hast noch eine viel bessere Möglichkeit, um selbst glücklich zu werden. Denn jeder Mensch hat sein eigenes Lebensgewürz mit auf den Lebensweg bekommen. Dein Lebensgewürz findest du in deinem Herzen. Es kommt zu dir, wenn du es rufst, es heilt dich, wenn dein Gemüt wund ist, und es gibt dir Halt, wenn deine Knie zittern. Das Lebensgewürz ist das Herzensgeschenk Gottes, das er den Menschen mit auf ihren Erdenweg gegeben hat. Doch sei dir bewusst, dass du auch mit deinem eigenen Lebensgewürz achtsam umgehen sollst. Geh in die Stille und öffne dein Herz, dann fließt dein Lebensgewürz durch deinen Körper, deinen Geist und deine Seele. Und diese Botschaft, die ich dir heute mit auf den Weg gebe, darfst du ruhig weitersagen, denn jeder Mensch auf der Welt hat die Fähigkeit, den Zugang zu seinem eigenen Lebensgewürz zu finden."

Der Mann verabschiedete sich vom Mond und ging in die Stille. Er öffnet sein Herz und entdeckte dabei sein Lebensgewürz. Noch nie im Leben war er so glücklich gewesen, noch nie im Leben verspürte er solch eine Glückseligkeit. Ohne Grund fühlte er sich wunderbar geborgen. Er empfand das natürlichste Gefühl der Welt, das viele Menschen verlernt hatten: sich selbst und den Rest der Welt von ganzem Herzen anzunehmen und zu lieben!

Und wenn der Mann nicht gestorben ist, dann liebt er noch heute von Herzen und verteilt unter seinen Mitmenschen seine besondere Weisheit und natürlich, wenn es notwendig ist, auch das Lebensgewürz.

❖ Der Mondsee ❖

Es war einmal ... vor langer, langer Zeit. Da kam es dem Mond in den Sinn, dass er unbedingt baden gehen wollte.

Nach viereinhalb Milliarden Jahren wäre es sicher kein Fehler, einmal ein Bad zu nehmen. Doch war der Mond besorgt um seine wertvolle Staubschicht, die er auf keinen Fall verlieren wollte. Da kam die liebe Sonne auf eine gute Idee:

„Lieber Mond, wenn du baden möchtest, dann reicht es doch voll und ganz, wenn sich dein Antlitz im Wasser spiegelt. Du badest deine Mondenseele, indem du dich selbst im Wasser erblickst, und das soll deine Reinigung sein."

Der Mond war zufrieden, wochenlang suchte er nun nach einem passenden Gewässer, in dem er sein Spiegelbild baden wollte. Die ganze Welt klapperte er ab, bis er einen lieblichen See entdeckte, der mit einer hohen Felswand verbunden war. Auf dieser Felswand wohnte ein gutmütiger Drache, der den See mit seiner Drachenkraft vor bösen Mächten beschützte. Das Wasser des Sees war so rein und klar, dass sich der Mond für ihn entschied. Hier wollte er sein Mondbad nehmen, hier fühlte er sich wohl.

Beim nächsten Vollmond war es so weit. Der Drache freute sich darüber, dass sich der Mond gerade seinen See ausgesucht hatte.

Und als der Mond mit seinem Spiegelbild sein Bad in jenem See nahm, da geschah es, dass man den Mond am Himmel für einen kurzen Moment selig lächeln sah. Er hatte eine solche Freude damit, sein Antlitz zu baden, dass er den See immer wieder gern besuchte. Nach jedem Bad des Mondes wurden der See und die Landschaft rund um ihn noch lieblicher und schöner. So wurde jener See nur noch „Mondsee" genannt. Und noch heute besucht der Mond diesen See, um darin zu baden, und der alte Drache freut sich immer wieder über seinen hohen Badegast.

❖ Die Mondteiche ❖

Es war einmal ... eine Zeit, in der der Mond begann, in seinem Lieblingsgewässer auf der Erde immer wieder sein Spiegelbild zu baden. Das Baden im Mondsee machte ihm so große Freude, dass er davon schwärmte und sich immer wieder auf seinen nächsten Badeausflug freute. Die Mondfee und die Mondelfen hörten dem Mond dabei aufmerksam zu und wussten nicht so recht, wovon er da eigentlich redete, wenn er davon sprach, ein Bad zu nehmen. Das kannten die lichten Wesen nicht. Aber wenn der Mond so sehr davon schwärmte, dann konnte das doch nur etwas Gutes sein! Im Gegensatz zum Mond war es den schwerelosen Wesen ein Leichtes, sich zur Erde zu begeben, und sie lösten damit auch keine Naturkatastrophe aus.

So flogen sie in einer Vollmondnacht zur Erde, um sich eine passende Badegelegenheit auszusuchen. Das Mondtierchen blieb zu Hause beim Mond, denn es war sehr wasserscheu.

Die Mondfee und die Mondelfen waren erstaunt, wie viele Gewässer es auf der Erde gab. Doch wie sollten sie jemals die richtige Badegelegenheit für sich finden? Es gab große und kleine, tiefe und seichte, blaue und türkise Ozeane, Seen, Flüsse Teiche und Bäche. Die Auswahl war einfach zu groß. Da kam die Mondfee auf eine gute Idee, sie fragte die Wasserfee um Rat. Diese freute sich über den Besuch der Feenschwester und tauchte ein in die tiefsten Tiefen der Ozeane, um einen Moment später wiederzukommen:

„Liebe Mondfee, geh mit deinen Elfen in die Blockheide, dort seid ihr sicher, dort könnt ihr baden, der erste Teich, den ihr dort findet, gehört euch!"

So machte sich die Mondfee mit ihren Elfen auf den Weg, und sie fanden in der Blockheide zwei wunderschöne Teiche. Eingebettet in eine wilde Steinlandschaft lagen sie da, und ihre Oberflächen waren voll mit Seerosen, die im Mondlicht silbern schimmerten.

Da hatten die Elfen ihre helle Freude und die Mondfee fand auch sofort Gefallen an diesem schönen Ort. Das Bad konnte beginnen, ein Kichern und Glucksen war ringsherum zu hören und die lichten Wesen wollten gar nicht mehr mit dem Plantschen aufhören.

Die Teiche wurden zu den „Mondteichen" und die Mondfee besuchte diesen Badeplatz mit ihrer Elfengefolgschaft immer wieder gerne. Als Badesalz verwendeten sie den wertvollen Mondstaub, der dazu führte, dass die Mondteiche und ihre Umgebung zu einem magischen Ort wurden.

Besonders feinfühlige Menschen spüren es heute noch, dass etwas Besonderes von den Mondteichen ausgeht, und wer weiß, vielleicht kommt die Mondfee in Vollmondnächten immer noch geflogen, um mit ihren Elfen in der Blockheide ein Bad zu nehmen?

Der Mond und die Liebe

❦ Die Mondkuh ❦

Es war einmal ... eine Kuh, die verliebte sich in den Mond. Jede Vollmondnacht verbrachte sie im Freien und himmelte den Mond an. Doch der Mond war weit weg und wusste nichts von der Liebe der Kuh. So ging das einige Zeit, bis die Kuh so unglücklich wurde, dass sie keine Milch mehr geben wollte.

Die anderen Kühe verstanden ihre Kuhkollegin nicht und konnten sich nicht vorstellen, wie es einer Kuh überhaupt passieren konnte, sich in den Mond zu verlieben, geschweige denn, in irgendjemand anderen als den prächtigen Stier auf der Nachbarweide. Unsere Kuh war einfach zu romantisch, um ein normales Kuhleben - das nur aus Fressen, Milchgeben und Schlafen bestand - zu führen. Die große Liebe zum Mond war der Ausdruck dafür, dass sie weit mehr war als nur eine einfache Milchlieferantin.

Doch konnte ihre Liebe natürlich nicht so einfach erfüllt werden. Diese innige Sehnsucht, die sie in ihrem großen Kuh-Herz empfand, wenn sie in einer klaren Vollmondnacht nach oben blickte und nicht wusste, was mit ihr geschah! Es tat so weh, dieses süße Sehnen in ihrem Herzen wurde immer mehr und mehr und eines Nachts pochte ihr das Herz so stark, dass sie schon glaubte, es würde im nächsten Augenblick zerspringen.

Just in diesem Moment bekam die verliebte Mondkuh Besuch von einem Igel. Er grüßte die Kuh freundlich und konnte ihren verklärten Blick nicht sofort deuten. Gar meinte er im ersten Moment, die Kuh sähe IHN mit verliebten Augen an. „Eine Kuh und ein Igel, das geht doch nicht", dachte er und wollte sich schon aus dem Staub machen, doch dann bemerkte er, dass die Kuh wie gebannt den Mond anstarrte, und als ihr auch noch ein leises Seufzen entfuhr, konnte der Igel nicht mehr anders, seine Neugierde war zu groß: „Bist du etwa in den Mond verliebt?", fragte er unverblümt.

„Ja, das bin ich!", hauchte die Kuh zärtlich und sah dabei noch immer ihren geliebten Mond an. Der Igel war doch etwas verblüfft, aber warum nicht, seine Cousine war einmal in ein Stück Holz verliebt gewesen und sein Freund, das Eichhörnchen, in eine besonders schöne Nuss. Die Verwirrungen der Liebe sind grenzenlos und machen auch vor dem Mond nicht halt. Und weil er ein netter Igel war, wollte er der verliebten Kuh helfen.

„Ich weiß, wie du deinem Liebsten, dem Mond, näher sein kannst, als hier auf der Weide! Komm mit!"

Die Kuh war begeistert! Überallhin würde sie dem Igel folgen, wenn er sie nur zu ihrem geliebten Mond brächte. So verließen Kuh und Igel die Weide und erreichten einen nahe gelegenen See, in dem sich der Mond wunderschön spiegelte.

„Sie her, liebe Kuh, hier ist dein Liebster, er badet im See und wartet auf dich!"

Die Kuh konnte es gar nicht erwarten, ihren Angebeteten endlich zu treffen. Aufgeregt ging sie auf das Seeufer zu. Ja, er war es wirklich, mitten in dem kleinen See schwamm der Mond und wartete auf sie. Noch nie zuvor war sie im Wasser gewesen. Ohne zu wissen, ob sie überhaupt schwimmen konnte, stürzte sich die Kuh in die Fluten, um ihren geliebten Mond zu treffen, der extra für sie auf die Erde gekommen war.

Doch was war das? Als die Kuh in der Mitte des Sees angekommen war, konnte sie den Mond nicht mehr finden. Sie suchte und suchte, steckte den Kopf unter Wasser, vielleicht war er ja untergegangen? Natürlich konnte sie ihn auch unter der Wasseroberfläche nicht entdecken. Enttäuscht schwamm sie ans Ufer zurück.

Als die Kuh wieder an Land gegangen war, glättete sich die Wasseroberfläche und der Mond erschien wieder in seiner vollen Größe auf dem See.

„Führst du mich etwa an der Nase herum?", die Kuh war verwirrt.

Sie wusste ja nicht, dass das Bild im See nur ein Spiegelbild war. Auch der Igel war verwirrt. Er wollte der Kuh einen Gefallen tun, doch warum war der Mond nur so launisch und verschwand gerade dann, wenn sich die verliebte Kuh ihm näherte?

Rätsel über Rätsel! Doch die verliebte Kuh gab nicht so schnell auf. Immer wieder sprang sie in den See und versuchte, den Mond zu erreichen. Nach dem zehnten Versuch legte sie sich völlig erschöpft am Seeufer nieder und war trauriger als je zuvor. Der Igel war schon nach Hause gegangen, denn er war nicht besonders geduldig und er wollte seine neue Freundin auch nicht so leiden sehen.

In der Zwischenzeit war eine Eule auf das Treiben der Kuh aufmerksam geworden. Es war schon schlimm, mit ansehen zu müssen, wie die Kuh immer wieder zum Mond schwamm und sich dieser währenddessen immer wieder auflöste. Doch die Eule hatte eine Idee.

Die Kuh war müde und kurz vor dem Einnicken, als sie da so alleine und völlig ermattet von der vielen Schwimmerei am Seeufer lag.

Die Eule versteckte sich in einem Baum und gab sich als Mond aus: „Meine liebe Kuh, ich muss dir sagen, ich freue mich sehr über deine Gefühle, die du für mich hegst. Es ist schön, dass du lieben kannst, und es ist schön, dass du mich liebst. Doch lass dir sagen, ich bin bereits vergeben, mein Mondherz gehört der Sonne und ich möchte nicht, dass sie eifersüchtig wird, wenn sie uns hier gemeinsam baden sieht.

Ich bin der Mond, und ich kann in dein Herz sehen, du bist eine sehr liebevolle Kuh und es ehrt mich außerordentlich, dass du mich als deinen Liebsten auserkoren hast. Doch möchte ich nicht, dass du leidest. Meine Geliebte heißt Frau Sonne, wir führen eine Beziehung aus der Ferne, doch ist meine Liebe zu ihr so stark, dass mir das vollkommen egal ist. Wir lieben uns für immer und ewig."

Die Kuh hatte aufmerksam zugehört. Die Eule war sehr klug und wusste, wie sie der Kuh helfen konnte. Eine unerfüllte Liebe bricht auf Dauer auch das Herz einer Kuh, und das wollte das weise Federtier auf jeden Fall verhindern.

„Danke, lieber Mond, dass du mir die Wahrheit gesagt hast! Ich gehe jetzt nach Hause und werde versuchen, dich nicht mehr zu lieben."

Mit diesem Vorsatz wanderte die Kuh traurig in ihren Stall und weinte sich die Augen aus. Auch der Igel konnte nicht recht schlafen. Er hatte ein schlechtes Gewissen, dass er die Kuh am See alleine gelassen hatte. Mitten in der Nacht kroch er aus seinem Blätterbett und machte sich auf die Suche nach ihr.

Am See fand er nur noch den Mond. Hatte sich die Kuh aus lauter Liebeskummer etwa ertränkt? War sie vor Erschöpfung beim zwanzigsten Versuch, den Mond in der Mitte des Sees zu treffen, vielleicht ertrunken? Jetzt packte den Igel die Angst, er rief aus Leibeskräften nach der Kuh und bekam natürlich keine Antwort. Schon wieder musste die Eule einspringen und wieder gab sie sich als Mond aus: „Herr Igel, die Kuh ist nach Hause gegangen, hier bei mir findet Ihr sie nicht mehr."

Der Igel bedankte sich für diese erfreulichen Neuigkeiten und wollte sich schon wieder auf den Heimweg machen.

„Doch, lieber Herr Igel, ich weiß noch etwas über die Frau Kuh. Ihr Herz ist schwer, weil ich ihre Liebe nicht erwidern kann. Vielleicht kannst du sie trösten heute Nacht und ihr in ihrem großen Schmerz beistehen!?"

So besuchte der Igel noch in derselben Nacht die traurige Kuh, um sie aufzuheitern und mit ihr zu plaudern. Die beiden verbrachten eine schöne Zeit miteinander und irgendwie war die Kuh jetzt gar nicht mehr so traurig. Der Igel hatte es geschafft, sie auf andere Gedanken zu bringen, gemeinsam lachten sie und erfanden lustige Geschichten über den Mond und die Sonne. So geschah es, dass sich die Kuh und der Igel so richtig miteinander anfreundeten. Sie trafen sich jeden Tag und bald hatte die Kuh ganz auf den Mond vergessen. Bei Vollmond schaute sie zwar noch immer sehr gerne zu ihm hinauf, doch nie wieder kam sie auf die Idee, den Mond im See zu besuchen.

Auch der Igel änderte seine Meinung und fand, dass eine Kuh und ein Igel eigentlich recht gut zusammenpassten. Natürlich waren die anderen Kühe ganz anderer Meinung, aber das war klar, sie hatten ja auch keine Ahnung von der Liebe!

So verliebten sich der Igel und die Kuh ineinander und verbrachten gemeinsam den Rest ihres Lebens glücklich und zufrieden. Und wenn sie nicht gestorben sind, dann sind sie heute noch froh darüber, dass der Mond so eine treue Seele ist und sich damals im See nicht mit der lieben Kuh eingelassen hat.

❖ Das Mondmädchen ❖

Es war einmal … ein Mädchen, das wurde in einer Vollmondnacht geboren. Das ist an sich noch nichts Außergewöhnliches, denn in Vollmondnächten kommen jeden Monat viele, viele Babys zur Welt.

Doch in Vollmondnächten besucht die Mondfee mit ihrer Elfenschar die Erde, um sich ganz besondere Menschenkinder auszusuchen, die sie dann ein Leben lang begleitet.

Als jenes Mädchen in dieser außergewöhnlich schönen Vollmondnacht geboren wurde, da war nicht sicher, ob es denn überleben würde, so kränklich war es, so zart, so bleich und so winzig klein. Zu solch schwachen Geschöpfen kommt die Mondfee besonders gerne, sie hilft den Kleinen beim „Auf-der-Welt-Bleiben" und begleitet ihre Schützlinge ein ganzes Erdenleben lang.

So war es auch bei dem kleinen Mädchen, dessen Mutter sich sehr um die Gesundheit des Neugeborenen sorgte. Als das Baby in der Nacht zum ersten Mal in die Wiege gelegt wurde, kam sogleich die gute Mondfee mit ihren Mondelfen zum Fenster hereingeflogen und berührte es mit ihrem Zauberstab an der Stirn. Ein für Menschen unsichtbares Mondmal blieb an der Stelle zurück. Das Baby lächelte und die Mondelfen klatschten vor Freude in ihre kleinen weißen Hände. Das Leben des Kindes war gerettet. Durch die Berührung der Mondfee wurde dem neugeborenen Erdenwesen eine himmlische Versorgung zuteil, die nicht nur den kleinen Körper nährte, sondern auch den Geist und das Wesen des Mädchens verfeinerte.

Das Mädchen wurde Luna genannt, weil angeblich in der Nacht seiner Geburt der Mond besonders hell und schön am Himmel stand.

In der Kinderzeit besuchte die Mondfee die kleine Luna jede Nacht. Die gute Fee nahm dem Mädchen seinen kleinen und großen Kummer hinweg, streute Sternenstaub über seine aufgeschürften Knie und schickte dem Kind die schönsten Mondfeeträume aller Zeiten.

Natürlich gab es noch andere Mondkinder auf der Welt, doch Luna war der absolute Liebling der Mondfee. Sie war nicht nur schön, sondern auch klug. So wusste sie auf jede Frage eine Antwort, ohne zuvor in einem Buch nachlesen zu müssen. Den Eltern kam das sehr seltsam vor. Sie liebten ihr Kind, doch ahnten sie auch, dass die Tochter kein gewöhnliches Mädchen war.

Als Luna zu einer jungen Frau herangewachsen war, beschloss der Vater sie zu einem Arzt in die Stadt zu bringen. Dieser sollte überprüfen, ob bei Luna auch alles mit rechten Dingen zuging. Der Vater wollte das schöne Mädchen nämlich schon bald unter die Haube bringen. Und die Heirat sollte ein gutes Geschäft für die arme Familie werden, denn Lunas Schönheit war weit über das Dorf hinaus bekannt.

Doch Luna wollte nicht heiraten. Sie mochte die Burschen im Dorf, aber als Ehemann kam keiner für sie in Frage. Sie konnten Lunas Schönheit nur mit ihren begierigen Augen sehen und nicht mit dem Herzen erkennen.

Der Arztbesuch in der Stadt kam Luna gerade recht. Das kluge Mädchen stellte sich dumm und hatte nun endlich ihre Ruhe vor dem Heiraten. Der Arzt erklärte sie nämlich für verrückt und gab dem enttäuschten Vater noch ein paar grüne und gelbe Pillen mit auf den Weg.

Dieser wollte schon die Heimreise mit seiner Tochter antreten, die ihm doch durch eine Vermählung zu einem Batzengeschäft hätte verhelfen sollen. Als Verrückte würde er sie wohl nicht so schnell an den Mann bringen.

Doch plötzlich kam der Arzt ganz aufgeregt dahergelaufen. Er hatte eine Idee, wie die verrückte Luna vielleicht doch noch ein „sinnvolles" Leben führen könnte. Auch er hatte einen verrückten Sohn, den er nicht verheiraten konnte. Vielleicht würden sich die beiden gut verstehen. Vielleicht würden sie sich sogar gegenseitig heilen?

Der Vater dachte nach. Seine Tochter hier einfach in der fremden Stadt alleine zurücklassen? Eine wahrlich verrückte Idee. Aber warum nicht, der Arzt bot an, für Lunas Kost und Logis aufzukommen, und so willigte der Vater in den Handel ein.

Der Arzt brachte Luna in ein sehr schönes Haus. Es gab hier so viele Zimmer, dass man glauben konnte, die ganze Stadt würde hier wohnen.

Im obersten Stockwerk begegneten sich Luna und Peter zum ersten Mal. Der Sohn des Hauses war in Lunas Alter. Auch er galt als verrückt. Auch er war ein Mondkind. Die Blicke der beiden Mondkinder trafen sich und schon wussten sie, dass sie füreinander bestimmt waren. Natürlich war auch Peter in Wirklichkeit nicht verrückt, auch er spielte seinem Vater eine Komödie vor, die ihn davor bewahrte, sich mit der Tochter des Bürgermeisters zu vermählen.

Luna und Peter verbrachten von nun an viel Zeit miteinander und galten sehr schnell als geheilt. Der Arzt konnte es kaum glauben, dass sein Sohn nun wieder in ganzen Sätzen sprechen konnte und dabei auch nicht mehr mit den Augen rollte. Ein Wunder, so hieß es! Lunas Eltern wurden in die Stadt geholt und durften ihre Zustimmung geben zu einer Verbindung auf Erden, die bereits lange Jahre zuvor von der Mondfee beschlossen worden war.

Die Mondfee sah zufrieden vom Mond aus zu, wie sich die beiden Erdenwesen in Liebe fanden. Sie freute sich über das schönste Geschenk, das sich zwei Menschen auf der Erde machen können: wahre Liebe, die mit dem Herzen gefühlt und zusammen als Paar tagtäglich gelebt wird.

❧ *Der Prinz und das Mädchen* ❧

Es war einmal ... ein junges Mädchen, das war sehr schön. Es lebte mit seinen Eltern in einer kleinen Hütte am Waldrand und kannte nichts anderes als Armut und harte Arbeit. Doch es hatte ein reiches Herz und liebte die Schönheit der Natur, es liebte die Tiere im Wald und es liebte den Mond. Es hatte eine Gabe, sowohl Menschen als auch Tiere mit seinem Gesang glücklich zu machen. Auch der Mond hörte dem Mädchen gerne beim Singen zu.

Eines Tages, das Mädchen war gerade beim Beerensammeln, kam der Prinz des Landes mit seinem Gefolge durch den Wald geritten. Wie immer sang das Mädchen während der Arbeit ihre selbst erfundenen Lieder. Der Prinz war sofort verzaubert von dem Gesang und so fing er an, diesen lieblichen Klängen nachzureiten.

Doch das Mädchen bekam Angst, als sie die Pferdehufe und die Menschenstimmen hörte. Einem schönen Mädchen alleine im Wald erging es nicht immer gut, wenn es von einer Horde Männern entdeckt wurde. Und so versteckte es sich auf einem Baum. Die berittene Truppe machte genau unter diesem Baum Halt. Das Mädchen zitterte und hatte große Angst, dass es doch noch entdeckt werden könnte.

Der junge Prinz nahm den schweren Helm seiner Rüstung ab und besprach sich mit seinen Männern. Und als das Mädchen sein Antlitz erblickte, war sie wie verzaubert und wäre am liebsten vom Baum heruntergehüpft, um sich diesem edlen jungen Mann vorzustellen. Doch sie traute sich nicht. Lange hatte das Mädchen Zeit, den Prinzen vom Baum aus zu beobachten, doch als die Reiterschar weiterzog, fühlte das Mädchen plötzlich in seinem Herzen einen großen Schmerz.

Es hatte sich Hals über Kopf in den Prinzen verliebt. Doch wusste es auch, dass diese Liebe sinnlos war. Das arme Mädchen, Tochter von Holzfällern, und der schöne Prinz hoch zu Ross! Was für eine Vorstellung! Das Mädchen litt Höllenqualen. Es konnte nicht mehr essen und die Tränen liefen dem weichherzigen Geschöpf schon am Morgen beim Aufwachen über die Wangen. Dieser Schmerz war so groß, dass das Mädchen auch nicht mehr singen konnte. Es empfand keine Lebensfreude mehr und weinte sich jeden Abend in den Schlaf.

Warum nur musste die Liebe so schmerzen, warum nur hatte es sich in diesen Prinzen verliebt, den es nur ein einziges Mal gesehen hatte und der noch nicht einmal von der Existenz des Mädchens wusste? Diese Fragen quälten das Mädchen tagein, tagaus. Seine Eltern waren mit ihrem Latein am Ende, denn das Mädchen hatte niemandem verraten, warum es so traurig war. Still und heimlich liebte es den Prinzen, still und heimlich litt es und wurde dabei immer kränker und schwächer.

Es stand wirklich sehr schlecht um das Mädchen. Als das abgemagerte, blasse junge Ding eines Tages die Fenster zur Nacht schließen wollte, kam eine Eule in seine Kammer geflogen.

„Liebes Mädchen, so kann es nicht mit dir weitergehen! Wir Tiere im Wald vermissen deinen schönen Gesang und wir wissen, dass du wegen des Prinzen leidest. Doch darfst du nicht sterben, aus einem Grund, der gar keiner ist. Ich bitte dich, nimm meinen Rat an und geh zur weisen Mondfrau, sie weiß immer, was zu tun ist, und kann dir vielleicht helfen!"

Das Mädchen schöpfte Hoffnung. Noch in derselben Nacht brachte die Eule es zur weisen Mondfrau, die tief im Wald auf einer Lichtung lebte.

Mondfrauen sind weiße Hexen und stehen in engem Kontakt zum Mond. Sie geben ihr Wissen gerne an die Menschen weiter und kennen sich vor allem in Liebesdingen aus.

Das Mädchen schilderte der Mondfrau ihre Not und hoffte auf einen Zauber, der ihr den geliebten Prinzen bringen oder sie wenigstens von ihrer unerfüllten Liebe erlösen würde. Doch die Mondfrau war eine gute Hexe und gute Hexen tun nur, was sein darf.

Das Mädchen war enttäuscht, sollte es an seiner großen Liebe zu dem Prinzen etwa sterben!? Nein, das war keine gute Idee.

Die Mondfrau versuchte, dem Mädchen seinen Schmerz zu erklären: Die Liebe selbst war es nicht, die so schmerzte, sondern das Gefühl der Entbehrung, des Nicht-haben-Könnens. Das ist eine Eigenart der Menschen, dass sich die Liebe mit dem Begehren vermischt und die arme

Kreatur nicht mehr unterscheiden kann, was Liebe und was Begehren ist.

„Liebe, ohne den Geliebten jemals im Arm zu halten, ihn jemals zu küssen und zu herzen - ihn niemals zu liebkosen, niemals seine Worte zu teilen noch das Bett? Kann das denn Liebe sein!?", das Mädchen war erstaunt.

Die Mondfrau erklärte den Unterschied zwischen bedingungsloser Herzensliebe und der körperlichen Liebe: „Diese beiden treten gerne gemeinsam auf, haben aber einen unterschiedlichen Ursprung und müssen nicht immer verbunden sein. Die bedingungslose Liebe entspringt der Seele, dem Herzen, sie ist überirdisch, sie ist rein. Sie verlangt nichts, sie will nichts, sie ist einfach da. Sie kann nicht enttäuscht werden und sie kann nicht verstanden werden. Das Begehren entspringt der körperlichen Liebe, die wir verspüren, wenn wir einen Menschen sehen, der uns gut gefällt und der uns körperlich anzieht. Unsere Hormone spielen verrückt und unser ganzes Denken dreht sich nur noch um diesen einen Menschen, den wir unbedingt bei uns haben wollen. Das körperliche Begehren - wird es nicht erwidert - führt oft zu Verwirrungen des Geistes und der Geist verwirrt den Körper und das macht krankt. Viele Menschen sind schon aus unerfüllter Liebe verrückt geworden, sie haben über ihr Begehren den Verstand verloren und viele haben sich deshalb sogar schon das Leben genommen. Die bedingungslose Herzensliebe kennt keine Gewalt."

Die Mondfrau hatte dem Mädchen die Liebe erklärt - und das Mädchen begann schon wieder zu weinen. Jetzt hatte es zwar eine Antwort auf sein Leiden erhalten, doch der große Schmerz war noch immer da. Traurig ging es nach Hause.

In jener Zeit gab es nicht nur weiße Hexen, sondern auch solche, die sich der schwarzen Magie verschrieben hatten. Das Mädchen war so verzweifelt, dass es einige Tage später die schwarze Hexe aufsuchte, mit der nicht gut Kirschen essen war. Die Hexe war eifersüchtig auf das schöne junge Ding, das sich mit ihrer Hilfe auch noch den Prinzen des Landes angeln wollte. So gab sie dem Mädchen einen dunklen Zauberspruch mit auf den Weg, den es just an jener Stelle im Wald sprechen sollte, an der es den Prinzen zum ersten Mal gesehen hatte. Das Mädchen war guter Dinge und suchte noch in derselben Nacht besagte Stelle im Wald auf. Drei Mal sollte es den Zauberspruch laut aussprechen, und dann würde der Prinz in Liebe entbrannt vor dem Mädchen erscheinen. Doch statt dass der Prinz auftauchte, geschah etwas ganz anderes. Als das Mädchen den Zauberspruch drei Mal aufgesagt hatte, verwandelte es sich auf der Stelle zu Stein und die böse Hexe bemächtigte sich damit seiner jugendlichen Schönheit. Da stand es nun, das versteinerte Mädchen, und bereute bitter, zur schwarzen Hexe gegangen zu sein.

Doch sogar als Stein hatte das Mädchen noch eine schöne Gestalt und wenn der Wind sanft über den Stein strich, dann begann das versteinerte Mädchen wieder zu singen.

In einer besonders schönen Vollmondnacht irrte der Prinz wie so oft ziellos im Wald herum und kam schließlich in die Nähe des versteinerten Mädchens. Die magischen Töne des singenden Steins hatten ihn angelockt. Und so entdeckte er schließlich an seinem Lieblingsplatz im Wald einen Felsen, den er noch nie gesehen hatte. Sonderbar, dachte der Prinz, so oft hatte er diesen wundersamen Ort schon besucht, an dem er einst die lieblichste Stimme der Welt vernommen hatte, nach der er sich seit diesem Zeitpunkt verzehrte und nach der er bis zum heutigen Tag verzweifelt suchte. Der Gesang des Mädchens hatte ihn schon damals verzaubert und sein Herz so tief berührt, dass er sich in diese Stimme verliebt hatte und nicht mehr wusste, wo ihm der Kopf stand.

Der Stein schimmerte sanft im Mondlicht. Der Wind tat sein Bestes und ließ den Stein so schön singen, dass sogar die Nachtigall vor Bewunderung verstummte. Und sofort war der Prinz wieder verzaubert von den wundersamen Klängen. Der Gesang des Steins rührte ihn auf eine Weise, die er sich nicht erklären konnte. Er umarmte den sonderbaren Felsen und lehnte seine Stirn ganz dicht an ihn. Zwei Tränen traten aus seinen Augen und fielen auf den kalten Stein. Da geschah es, dass dieser zu beben und zu erzittern begann und das Mädchen in seine menschliche Gestalt zurückverwandelt wurde. Plötzlich hielt der Prinz anstatt des Steins ein wunderschönes weibliches Wesen in seinen Armen.

Es brauchte nicht viele Worte, denn diese beiden Menschenkinder waren füreinander bestimmt. Der Prinz hielt noch an Ort und Stelle um die Hand des Mädchens an und es sagte „Ja". Gemeinsam ritten sie in den Palast und feierten noch am selben Tag Hochzeit.

Die böse Hexe wusste nicht, dass sie mit ihrem schwarzen Zauber erst recht die Liebenden zusammengeführt hatte. Und nachdem das Mädchen erlöst war, verlor die Hexe auch wieder ihre jugendliche Kraft. Ihr Ärger war groß, doch sie konnte nichts machen. Jeder Zauber hat einen Gegenzauber und wenn wahre Liebe im Spiel ist, dann sind sogar schwarze Hexen machtlos.

Wahre Liebe findet sich, egal welche Widrigkeiten der Geist sich ausmalt, egal welche Unmöglichkeiten im Außen dagegen sprechen und welch böser Zauber ausgesprochen wurde. Wahre Liebe ist stärker als jeder Stein, wahre Liebe hält die Welt zusammen, wahre Liebe ist ewig.

Die gute Neuigkeit sprach sich schnell im Wald herum. Die Mondfrau lächelte zufrieden, als sie von der Erlösung des versteinerten Mädchens hörte, und segnete beim nächsten Vollmond das glückliche Paar mit einem Mondritual. Dabei warf sie drei Silbermünzen in einen Teich und sprach die Worte „Glück", „Gesundheit" und „Zufriedenheit".

So lebten das Mädchen und der Prinz glücklich und zufrieden und sie liebten sich von ganzem Herzen. Das Mädchen wurde zur Frau und sang zeit ihres Lebens für alle Menschen im Land ihre liebevollen Lieder. Der Prinz wurde zum König und regierte sein Land in Harmonie und Güte.

Und wenn sie nicht gestorben sind, dann lieben sie sich noch heute.

❖ Die Rückseite des Mondes ❖

Es war einmal … eine junge Frau, die war sehr verliebt. Doch ihr Liebster war in den Krieg gezogen und schon viele Monde waren sie voneinander getrennt. Sie versprachen sich, bei jedem Vollmond zur gleichen Zeit den Mond anzublicken und aneinander zu denken.

Die junge Frau ließ keinen Vollmond aus, natürlich dachte sie auch sonst sehr oft an ihren Liebsten, aber bei Vollmond wusste sie, dass sich ihre Blicke zur selben Zeit am Mond trafen, und das gab ihr immer wieder Hoffnung auf ein Wiedersehen.

Das letzte Lebenszeichen in Form einer Ansichtskarte lag schon ein paar Monate zurück, ab diesem Zeitpunkt hatte sie nichts mehr von ihrem Geliebten gehört. Ob er noch lebte? Sie wusste es nicht. Der nächste Vollmond nahte, und wieder war es das Mondritual, das der jungen Frau Kraft gab. Es war, als spürte sie die liebevollen Gefühle und Gedanken ihres Liebsten, als sie so am offenen Fenster stand und den Mond anblickte.

In jener Nacht träumte die Frau einen sonderbaren Traum: Die Mondfee kam zu Besuch, um von ihrem Liebsten zu berichten. Es ginge ihm gut und er schreibe jeden Tag einen Liebesbrief, doch leider kamen die Briefe nie an, denn sie wurden an der Grenze abgefangen. Doch es gab noch eine andere Möglichkeit, die Inhalte der Briefe in Erfahrung zu bringen. Denn was die Menschen bis jetzt noch nicht wussten, das verriet die Mondfee der liebenden Frau in jener Nacht. Alle verloren geglaubten Dinge, die etwas mit der Liebe zu tun haben, befinden sich in Wahrheit auf der Rückseite des Mondes. Die Rückseite des Mondes ist die für uns Menschen erdabgewandte Seite, die wir niemals im Leben zu Gesicht bekommen. Doch auch die Rückseite des Mondes wird von der Sonne hell erleuchtet, nämlich genau dann, wenn bei uns Neumond herrscht.

Als die junge Frau am nächsten Tag aufwachte, fiel ihr der sonderbare Traum wieder ein. Die Liebesbriefe des Geliebten waren also auf der Rückseite des Mondes gelandet. Aber wie sollte sie nur dorthin gelangen? Am besten, sie fragte die Dorfhexe, Hexen kennen sich doch immer gut mit dem Mond aus! So ging sie am nächsten Tag zu ihr. Es war ein sehr aufgeschlossenes Dorf, wo jeder so sein durfte, wie er sein wollte, so gab es hier auch gute Hexen, die den Menschen offiziell dabei helfen durften, ihre Gesundheit zu erhalten und den Alltag ein bisschen zauberhafter zu gestalten. Die junge Frau trug der Hexe ihr Begehr vor.

„Auf die Rückseite des Mondes willst du also, um Liebesbriefe zu lesen?" Die alte Hexe war sich nicht sicher, ob sie der jungen Frau helfen sollte. Ein Flug auf den Mond konnte gefährlich sein, und auch die Rückreise war ungewiss. Und das alles, nur um ein paar Liebesbriefe zu lesen? Aber die junge Frau war sich sicher, sie wollte unbedingt dorthin, am besten bei Neumond, denn dann war jene Seite des Mondes beleuchtet, die wir Menschen von der Erde aus nicht sehen können, und dann würde sie auch ihre Liebesbriefe besser finden.

Die Frau flehte und bettelte und nach einem langem Hin und Her willigte die Hexe endlich ein. Am nächsten Neumondtag suchte die junge Frau die Hexe wieder auf. Diese braute der unglücklichen Frau einen Trank, der ihr Flügel verlieh, mit deren Hilfe sie wie der Wind zur Rückseite des Mondes flog. Nur diese eine Nacht durfte sie verweilen, denn sonst würde sie für immer und ewig auf dem Mond bleiben müssen.

Die Rückseite des Mondes war übersät mit verlorenen Eheringen, gravierten Anhängern, Ohrringen, Liebesgaben aus allen Kulturen der Erde und ganzen Bergen von Liebesbriefen. Da stand nun die gute Frau und wusste nicht, wo sie zu suchen anfangen sollte. Aber sie war nicht ganz alleine auf dem Mond. Die Mondelfen verwalteten die vielen verloren geglaubten Liebesdinge und wussten genau Bescheid, wo sich die gesuchten Liebesbriefe befanden.

Und wirklich, der Geliebte hatte jeden Tag einen Brief an sie geschrieben. Was für eine Freude, diese Zeilen jetzt endlich lesen zu dürfen. Ganz vertieft war sie in die vielen schönen Worte, sodass sie darüber die Zeit vergaß. Und sie las und las und las. Auch die Mondelfen wussten, dass die Zeit der jungen Frau auf dem Mond begrenzt war, doch sie spürten ihre große Liebe und brachten es einfach nicht übers Herz, sie fortzuschicken.

Als die ersten Sonnenstrahlen auf der Erde über den Horizont blinzelten, lief die Frist des Menschenkindes ab. Es war Zeit, den Mond wieder zu verlassen. Die Hexe auf der Erde wurde schon ungeduldig – was, wenn sich die Frau auf dem Mond verloren hatte, wenn sie aus eigener Kraft nicht mehr zurückkehren konnte und über den Liebesbriefen des Geliebten die Zeit vergessen hatte?

Die junge Frau war über den vielen Liebesbriefen glückselig eingeschlafen. Nun war es längst zu spät, und es gab kein Zurück mehr. Als sie wieder erwachte, bemerkte sie, dass schon wieder ein neuer Liebesbrief des Geliebten am Mond eingetroffen war. Warum sollte sie also zur Erde zurück, wenn doch am Mond jeden Tag ein neuer Brief auf sie wartete?

Nach rund einem Jahr kehrte der Geliebte der Frau schwer verwundet vom Krieg heim. Er fand seine Liebste nicht mehr im Dorf und so suchte auch er die Dorfhexe auf und fragte nach dem Verbleib seines Mädchens. Die gute Frau musste dem Kriegsheimkehrer nun erklären, dass seine große Liebe auf den Mond geflogen war, um seine Liebesbriefe zu lesen, und leider nie wieder auf die Erde zurückgefunden hatte.

Als er das hörte, bat der junge Mann, auch ihn auf den Mond zu schicken, damit er mit seiner Liebsten wieder vereint sein konnte. Die Hexe willigte ein. Und so blieb ab diesem Tag auch der junge Kriegsheimkehrer verschwunden.

Auf der Rückseite des Mondes traf er seine verloren geglaubte Liebste wieder. Und wenn sie den Mond nicht verlassen haben, dann leben die beiden noch heute dort und helfen den Mondelfen dabei, die verloren gegangenen Liebesbriefe zu ordnen.

❧ Der König und der Mond ☙

Es war einmal ... ein alter König, der wollte das Wesen der Liebe ergründen. Eines Tages rief er alle seine Schriftgelehrten zusammen, um mit ihnen gemeinsam der Liebe auf die Spur zu kommen. Der König war mächtig. Er hatte viel erreicht in seinem Leben, doch die Liebe war ihm bis jetzt noch nicht begegnet. Seine Gemahlinnen heiratete er alle aus Vernunft und sich wirklich zu verlieben, das erlaubte er sich sein ganzes Leben lang nicht. „Liebe macht blind", hatte die Warnung des Vaters gelautet, und „Liebe macht unvorsichtig". Und das durfte sich ein mächtiger Herrscher nun einmal nicht erlauben.

Eines Tages kamen Spielleute an den Hof und unter den lustigen Gesellen befand sich eine Wahrsagerin. Der König war nicht gerade neugierig darauf, was ihm die Alte aus der Hand lesen würde, doch ehe er sich versah, plapperte sie schon drauflos. Er hätte sein Herz verschlossen und könne weder Liebe schenken noch annehmen. „Was für ein Unsinn", dachte er damals und vergaß die Botschaft schnell wieder.

So war dem König im Lauf seines Lebens schon die dritte Frau gestorben und er wusste nicht warum. Alle drei wurden sie krank, und alle drei siechten sie auf eigenartige Weise dahin. Dass seine Frauen an gebrochenen Herzen gestorben waren, auf die Idee kam der König natürlich nicht. Ein bisschen Liebe und Herzenswärme hätten sie sich gewünscht, aber der König wünschte sich von seinen Frauen nur eines, einen Thronfolger. Doch der Nachwuchs wollte sich nicht einstellen. Keine der drei Frauen konnte dem König ein Kind schenken.

Viele Jahre nach dem Besuch der Wahrsagerin interessierte sich der König nun plötzlich für die Liebe. Warum nur? Das war allen am Hof ein Rätsel. Nicht einmal der Hofnarr wusste warum. Der König verhielt sich sehr eigenartig in letzter Zeit. Man hatte ihn gesehen, wie er bei Vollmond in seinen Gärten umherwandelte und sehnsüchtig den Mond anblickte. War der harte Herrscher etwa mondsüchtig geworden?

Natürlich traute sich niemand, den König zu fragen, warum er in den Vollmondnächten im Schlossgarten herumstreifte.

Der König wollte das Wesen der Liebe erkunden. Doch mit dem Verstand war das nicht möglich. Man kann die Liebe in Worte fassen, aber wer sie nie gefühlt hat, wird sich schwer tun, diese Worte zu verstehen. Die Schriftgelehrten zerbrachen sich ihre Köpfe und kamen auf keine Antwort. Nun wurden Poeten, Minnesänger und Schauspieler geladen, um dem König die Liebe näher zu bringen. Doch auch das blieb ohne Erfolg. Letztendlich bat man Kurtisanen, dem König die Liebe auf körperliche Art und Weise zu zeigen. Doch außer ein wenig Lustgewinn konnte der König diesem Treiben nicht viel abgewinnen.

„Fragt doch den Mond, der kennt sich in Liebesdingen aus!", scherzte der Hofnarr.

Der König wurde hellhörig.

„Warum nicht? Wer kann mit dem Mond sprechen, wer?", der König war plötzlich ganz aufgeregt.

Eine unsichtbare Kraft zog ihn in den Vollmondnächten immer wieder nach draußen, um den Mond anzusehen. In diesen Momenten empfand er eine solche Sehnsucht, die er in seinem Leben noch nicht gekannt hatte. Natürlich wusste er nicht, nach was er sich so sehr sehnte, doch hatte es offensichtlich mit seinem Herzen zu tun, das sich schön langsam den Weg zu seinen Gehirnwindungen bahnte. Denn warum in Gottes Namen wäre der hartherzige König sonst je auf die Idee gekom-

men, sich mit dem Wesen der Liebe auseinanderzusetzen?

Er empfand Liebe, wenn er zum Mond aufblickte. Dieses neue Gefühl wollte er erklären, es machte ihm Angst und sollte so schnell wie möglich analysiert werden, damit er es einordnen konnte und sich nicht mehr davor zu fürchten brauchte.

Aber wer konnte denn wirklich mit dem Mond sprechen? Hexen, sagte man, würden ihre Rituale und Zauber am liebsten bei Vollmond durchführen, vielleicht sprachen sie dabei ja auch mit dem erdnahen Himmelskörper? Also musste so schnell wie möglich eine Hexe aufgetrieben werden. Unglückerweise hatte man im Sommer gerade die letzte bekannte Hexe im Land verbrannt.

Warum nicht eine Belohnung ausschreiben für denjenigen, der mit dem Mond sprechen konnte? Der König hielt das für eine gute Idee. Wer sich melden würde, kam zwar in den Verdacht, ein Hexer oder eine Hexe zu sein, doch in der Ausschreibung stand ausdrücklich, dass diejenige Person, die mit dem Mond sprechen konnte, sich nicht zu fürchten brauche, denn sie würde deswegen keinesfalls bestraft.

Wer's glaubt! Natürlich meldete sich kein Mensch auf die königliche Kundmachung. Erstens konnte niemand mit dem Mond reden und zweitens wollte keiner sein Leben aufs Spiel setzen, denn wer weiß, was der König vom Mond hören wollte? Dieses Risiko wollte niemand im Land eingehen.

Doch da gab es ein Mädchen am Hof, dessen Hautfarbe war so blass wie der Mond, und dessen hübsches Gesichtchen war so rund wie der Mond, wenn er voll war. Dieses Mädchen konnte wirklich mit dem Mond sprechen. Sie hielt ihre Gabe geheim, denn sonst hätte man sie sicher schon längst für verrückt erklärt oder auch gleich auf den Scheiterhaufen geworfen. Und das Mädchen war alles andere als verrückt, es war sogar sehr gescheit und hatte noch dazu ein gutes Herz.

Als sie vom Anliegen des Königs hörte, schlich sie in einer Vollmondnacht in den Garten und versteckte sich hinter einem Busch. Der König kam und starrte den Mond an. Das Mädchen verstellte seine Stimme und sprach zum König: „Mein König, ihr sucht jemanden, der mit dem Mond sprechen kann? Hier in eurem Garten seid ihr fündig geworden! Ich bin der sprechende Mondbusch und ich kann gerne für euch ein Gespräch mit dem Mond führen!"

Der König erschrak. Ein sprechender Busch? Wie sonderbar? Aber warum nicht. Er wollte nichts unversucht lassen und stellte schnell seine Frage:

„Du, Mondbusch, frage den Mond für mich, warum es mich in seinen vollen Nächten immer in den Garten treibt und warum ich so leide unter einer nie gekannten Pein, die vom Herz ausgeht und die sich sonderbar bis in meine Augen zieht, welche dann manchmal ganz feucht werden, gar wie wenn sich Tränen bilden wollten."

Das Mädchen antwortete: „Herr König, es sind eure drei Frauen, deren unerfüllte Liebessehnsüchte auf mir wohnen und die euch vom Mond aus rufen. Sie möchten euch sagen, dass eure Zeit auf der Erde bald vorbei sein wird und dass ihr eure letzten Tage auf Erden dafür nutzen solltet, euer Herz zu öffnen für die Liebe, denn sie ist das Wichtigste auf der Welt und ihr habt sie bis zum heutigen Tag noch nicht ernst genommen. Ihr habt noch nicht einmal geglaubt, dass es sie gibt. Eure drei Frauen haben euch aufrichtig geliebt, jede einzelne von ihnen ist an gebrochenem Herzen gestorben, weil ihr nicht einen Funken Liebe für sie empfunden habt. Nicht einmal anhören wolltet ihr sie, als sie euch von ihrer Liebe zu euch erzählen wollten. Keinen Kuss wolltet ihr erwidern, keine Zärtlichkeit habt ihr erlaubt. Alle unerfüllten Sehnsüchte der Menschen wandern auf den Mond. Hier sind sie in Sicherheit, doch nicht in Vergessenheit. Nun ist es so weit, jetzt seid ihr alt, euer geistiges Schutzschild bröckelt und euer Herz erinnert euch an die Liebe eurer Frauen, die ihr zu ihren Lebzeiten nicht zugelassen habt."

Das Mädchen sprach unter Tränen, so sehr rührte es die Botschaft des Mondes für den König, der nun wie erstarrt dastand und nicht mehr wusste, wie ihm geschah. Die Feuchtigkeit in seinen Augen verstärkte sich und entwickelte sich schließlich zu Tränen, die wirklich von Herzen kamen. Der König ließ ihnen freien Lauf und öffnete endlich sein Herz. Schluchzend stand er da und plötzlich konnte das Mädchen nicht mehr anders, es schlüpfte aus seinem Versteck und umarmte den weinenden König.

Das war sehr mutig, denn es setzte sein Leben durch diese liebevolle Geste aufs Spiel. Doch der König hatte endlich das Wesen der Liebe erkannt und wusste, dass das Mädchen der Schlüssel für diese Erkenntnis war.

Er trauerte nun um seine drei liebevollen Frauen und verstand endlich, wie sie unter seiner Hartherzigkeit gelitten hatten. Was er ihnen durch seine Kälte und Ignoranz angetan hatte und wie er sie durch seine Lieblosigkeit in den Tod getrieben hatte. Doch nun war es zu spät, nun konnte er nur noch versuchen, den Rest seines Lebens in Liebe zu verbringen, und das junge Mädchen sollte ihm dabei helfen.

Immer wieder gingen die beiden in den Vollmondnächten in den Garten, um mit dem Mond zu sprechen. Die drei Frauen des Königs fanden schließlich ihren Frieden, als sie spürten, dass er Reue zeigte für sein Verhalten und nach vielen, vielen Jahren endlich um sie trauerte.

So geschah es, dass dem König immer leichter wurde ums Herz. Das liebevolle Mondmädchen machte er zur Prinzessin und als der König bald darauf starb, erbte es sein ganzes Königreich. Der König hatte verstanden, worum es wirklich geht auf der Welt, und so konnte er die Erde mit gutem Gewissen verlassen.

Das Mondmädchen wurde Königin und war zeit ihres Lebens eine liebevolle und gerechte Herrscherin. Und wenn sie nicht gestorben ist, dann geht sie noch heute bei Vollmond in den Garten, um mit dem Mond zu sprechen und ihn um Rat zu fragen.

❋ Der Mondkasten ❋

Es war einmal … eine junge Frau namens Vroni, die wollte gerne in die Zukunft blicken. Würde sie im nächsten Jahr heiraten, würde der Toni sie endlich fragen, ob sie seine Frau werden wollte? Das war es, was sie am meisten beschäftigte. Beim Maitanz hatte er sie zum Tanzen geholt, und ein Lebkuchenherz hatte er ihr auch geschenkt, mit der Aufschrift „Für dich", was nicht besonders aussagekräftig war, wie Vroni fand.

Es hätte auch noch andere Herzen gegeben, zum Beispiel mit dem eindeutigen Spruch: „Ich liebe dich" oder „Für mein Herzblatt" sowie „Für meine Liebe", aber nein, der Toni kaufte ein neutrales „Für dich"-Herz. Aber immerhin war es ein Herz gewesen … doch Vroni wollte es genauer wissen. Sie hatte gehört, dass es im tiefen Wald einen Ort gab, der in Vollmondnächten für Orakel gut war. Ein Mondkasten sollte sich dort befinden, und durch den Einwurf einer Silbermünze bekäme man Antwort auf seine Herzensfragen.

So marschierte sie in der nächsten Vollmondnacht los, den Mondkasten zu suchen. Natürlich verirrte sie sich gleich und wollte schon wieder umkehren, als sie mitten im Wald ein wunderschönes weißes Pferd sah. Sie folgte dem edlen Tier und fand schließlich zum Mondkasten. Schnell suchte sie das Silberstück, auf das sie monatelang gespart hatte, und wollte es schon einwerfen. Da entdeckte Vroni eine Aufschrift:

„Lieber Suchender, schön, dass du zu mir gefunden hast. Überlege dir gut, welche Frage du mir heute stellen möchtest. Deine Frage soll von Herzen kommen und von deinem Mund ausgesprochen werden. Wenn du eine Silbermünze einwirfst, dann weiß ich, dass es dir ernst damit ist. Aber sei dir bewusst, die Antwort auf deine Frage muss dir nicht gefallen, der Mond beantwortet sie nicht unbedingt so, wie du es dir vorgestellt hast!"

Vroni war sich ihrer Frage ganz sicher. Und natürlich kam sie von Herzen. So sprach sie laut und deutlich aus: „Lieber Mond, bitte sage mir, liebt mich der Toni?"

Schnell warf sie die mitgebrachte Silbermünze ein und wartete gespannt. Das helle Münzenklingeln durchbrach die Stille der Mondnacht und ließ darauf schließen, dass schon viele Menschen vor ihr den Mond um Rat gefragt hatten.

Jetzt fing es in dem hölzernen Kasten zu rumoren an, es rumpelte und pumpelte. Vroni bekam Angst und wollte schon davonrennen, als sich plötzlich eine kleine hölzerne Lade im Mondkasten öffnete, in der ein Stück Papier für sie lag. Auf dem Schriftstück stand mit Schnörkelschrift zu lesen: „Frag ihn!".

Das war also die Antwort des Mondes auf ihre Frage, jetzt war Vroni so klug wie zuvor. Den Toni fragen, das würde sie sich nie trauen, das war unmöglich! So ein Pech, dass sie keine weitere Silbermünze mehr hatte. Und warum hatte sie nicht gleich gefragt, ob der Toni sie heiraten würde? Aber wer weiß, vielleicht wäre dann dieselbe Antwort gekommen. Vroni zermarterte sich den Kopf und fühlte sich vom Mondkasten geprellt! Sie wollte sich schon fast beschweren, doch bei wem?

Plötzlich hörte sie ein Knacken im Unterholz, da suchte anscheinend noch jemand nach dem Mondkasten. Vroni versteckte sich hinter einem Baum und wartete gespannt, wer denn da als Nächster beim Mondkasten vorstellig werden würde.

Oh, nein, das konnte nicht sein, es war der Toni, der jetzt auch, so wie sie gerade noch, den Mondkasten untersuchte, die Aufschrift las und wohl gleich seine Frage stellen würde. Das Herz schlug der Vroni bis zum Hals. Was würde der Toni den Mondkasten fragen? Am liebsten hätte sie sich die Ohren zugehalten, weil sie die Spannung kaum ertragen konnte, aber ihre Neugier war größer.

Toni räusperte sich und fragte laut und deutlich: „Liebt mich die Vroni?"

Ein großer Stein fiel der Vroni vom Herzen und am liebsten wäre sie jetzt aus ihrem Versteck gehüpft und dem Toni gleich um den Hals gefallen. Doch sie war gescheit und tat es nicht.

Und wieder rumpelte und pumpelte es im Mondkasten und die Holzlade öffnete sich, ein Stück Papier kam zum Vorschein, dessen Aufschrift die Vroni sehr gerne gelesen hätte. Da sie den Toni wirklich von Herzen liebte, konnte ja nur etwas Schönes darauf stehen.

Doch als der Toni den Zettel gelesen hatte, zerknüllte er ihn wütend und warf ihn fort. So schnell er gekommen war, so schnell stapfte er wieder davon und Vroni blieb verwirrt zurück. Sie suchte nach dem weggeworfenen Zettel, fand ihn schließlich und las: „Es könnte sein." Wieder eine sehr kryptische Aussage, der Mondkasten machte es den Liebenden nicht leicht, doch hatte er Vroni gezeigt, dass der Toni wohl etwas für sie empfinden musste, sonst hätte er nicht diese Frage gestellt.

Sie ging nach Hause und dachte nach, was jetzt zu tun war. Als Frau einen Mann zu fragen, ob er sie liebe, das war ja nun nicht gerade üblich. Aber wer weiß, vielleicht würde sie der Toni nie fragen, vielleicht hatte er Angst, dass sie „Nein" sagen könnte, und die Antwort vom Mondkasten war ja für den Toni nicht gerade eindeutig ausgefallen.

Vroni war sich ihrer Sache sicher, bei der nächstbesten Gelegenheit würde sie den Toni fragen. Und wirklich, am Sonntag nach der Kirche, da nahm sie ihren ganzen Mut zusammen, ging auf den Toni zu und fragte ihn mitten ins Gesicht: „Du Toni, darf ich dich etwas fragen?"

Und er: „Ja, Vroni, was denn?"

Und sie: „Liebst du mich?"

Die Frage traf Toni mitten ins Herz, er lief rot an und ihm wurde gleichzeitig heiß und kalt. Er wollte etwas sagen, doch die Stimme versagte ihm den Dienst.

Die Vroni bereute jetzt ihre selbstsichere Frage, die vielleicht doch nicht so eine selbstverständliche Antwort nach sich zog. Doch der Toni nahm jetzt auch seinen ganzen Mut zusammen und krächzte ein kaum hörbares „Ja" aus seinem schnurrbärtigen Mund hervor. Es war zwar leise, doch Vroni hatte es gehört und es war für sie das schönste „Ja", das sie jemals in ihrem Leben vernommen hatte.

Niemals hätte sich der Toni die Vroni zu fragen getraut, ob sie die Seinige werden wolle, er war viel zu schüchtern dafür. Das war auch der Grund, warum er das neutrale Lebkuchenherz ausgewählt hatte, damals beim Maitanz. Nur ja nicht das Gesicht verlieren, nur ja keinen Korb bekommen, so lautete Tonis innerer Auftrag. Doch jetzt war es heraußen, die beiden hatten sich ihre Liebe gestanden und das gemeinsame Leben konnte beginnen.

Der Mondkasten hatte ihnen dabei geholfen, sich zu finden. Das Silberstück war wirklich eine sehr gute Investition in die Zukunft gewesen, wie Vroni jetzt fand. Natürlich erzählte sie ihrem Toni nie, dass sie damals, als er beim Mondkasten war, hinter einem Baum gestanden war und gelauscht hatte. Das blieb ihr Geheimnis.

Und noch jemand freute sich mit den beiden. Die alte Frau, die am Waldesrand wohnte und nur selten ins Dorf kam, war an jenem Sonntag auch wieder einmal zur Kirche gegangen und hatte die Vroni und den Toni nicht aus den Augen gelassen. Denn sie war es, die in jeder Vollmondnacht im Mondkasten saß und den Menschen in Liebesdingen gute Ratschläge gab.

Diese Frau war keineswegs hellsichtig, doch wusste sie so viel über die Leute im Dorf, dass sie fast immer die richtigen Antworten geben konnte. Mit den Silberstücken unterstützte sie die Armen und das dressierte Pferd half dabei, dass die Suchenden auch wirklich zum Mondkasten fanden.

Die gute alte Frau hatte immer wieder versucht, den Menschen im Dorf Ratschläge mit auf den Weg zu geben, sie war sehr weise und hatte ein gutes Herz. Aber erst, als sie auf die Idee mit dem Mondkasten gekommen war, nahmen sich die Menschen ihre Ratschläge auch wirklich zu Herzen. Erst als sie etwas für ihren Rat bezahlen mussten und glaubten, die weisen Worte kämen vom Mond höchstpersönlich, wurden die gut gemeinten Ratschläge auch ernst genommen und umgesetzt.

Und wenn sie nicht gestorben ist, dann sitzt die alte Frau heute noch bei Vollmond in ihrem Mondkasten und beantwortet die Herzensfragen der Menschen.

✤ Der Mondstein-Zauber ✤

Es waren einmal … zwei Königskinder, die stammten aus zwei verfeindeten Königreichen. Doch sie liebten einander und trafen sich heimlich. Eines Tages wurde der „feindliche" Prinz im Palast entdeckt. Er wollte gerade in die Kammer der Prinzessin schlüpfen, als ein Wachmann Alarm schlug.

Der König war erzürnt, als er erfuhr, dass seine Tochter den Feind liebte und ihn auch noch in das Schloss einließ. Der Prinz wurde in den Kerker gesteckt und die Prinzessin unter Hausarrest gestellt. Bald schon sollte der feindliche Königssohn am Galgen baumeln. Das konnte die Prinzessin natürlich nicht zulassen. Eingesperrt im Schlossturm rief sie nach ihrer Brieftaube, die stets Feder und Papier bei sich trug. So schrieb sie der Amme eine Nachricht, denn diese wusste immer Rat und war jetzt ihre letzte Hoffnung.

„Liebe Amme, wir sind gefangen, ich sitze im Turm fest und mein Liebster im Kerker. Morgen schon soll er sterben. Gibt es denn überhaupt keinen Ausweg für uns?"

Schnell schickte die Prinzessin die Brieftaube los und es dauerte nicht lange, da landete das treue Tier schon wieder am Turmfenster mit einer Nachricht der Amme und einem kleinen Päckchen.

„Meine liebe Prinzessin, ich schicke dir zwei Mondsteine. Wenn du wirklich verliebt bist, dann nimm den Mondstein in den Mund, du musst ihn unter die Zunge legen, und so macht er dich auf der Stelle unsichtbar. Schick den zweiten Mondstein an deinen Prinzen, er soll dasselbe tun, und auch er wird unsichtbar werden, wenn er dich wirklich liebt!"

Die Prinzessin umarmte die gute Amme im Geiste und legte sich schnell den Mondstein unter die Zunge. Als der Wachmann das Mittagessen brachte, war klar, dass der Zauber gewirkt hatte, denn der Turmwächter schrie aus Leibeskräften: „Die Prinzessin ist fort, die Prinzessin ist fort!" Um sich zu vergewissern, dass sie sich auch nicht in irgendeinem Winkel versteckt hatte, sah er zur Sicherheit noch in jeder Turmritze nach. In der Zwischenzeit konnte die unsichtbare Prinzessin entkommen.

Schnell schickte sie die Brieftaube mit der Nachricht und dem zweiten Mondstein zu ihrem Liebsten in den Kerker. Auch dieser tat wie ihm aufgetragen und ward auf der Stelle unsichtbar. „Der Prinz ist fort, der Prinz ist fort!", riefen die Wachen durcheinander, sie schlossen die Kerkerzelle auf, um nach ihm zu suchen und so konnte auch der unsichtbare Prinz fliehen.

Prinz und Prinzessin trafen sich an einem vereinbarten Treffpunkt im Wald. Beide hatten den Mondstein noch unter der Zunge, aber die Liebenden konnten sich trotzdem sehen. Sie umarmten sich voller Freude und flohen noch am selben Tag in ein Königreich, in dem sie kein Mensch kannte.

Die Mondsteine behielten sie ein Leben lang bei sich und als die Prinzessin im hohen Alter einmal ihren Prinzen fragte: „Liebst du mich denn auch noch so wie damals?", nahm der Prinz den Mondstein in den Mund und wurde sogleich unsichtbar. Ebenso tat es die Prinzessin. Beide liebten sie einander wie am ersten Tag, und nie und nimmer gingen sie in ihre Heimat zurück.

❧ *Daniel und die Liebe* ❧

Es war einmal ... ein Tag, da war plötzlich niemand mehr auf der Erde verliebt. Es war, als ob die Liebe von der Welt verschwunden wäre, als ob sie sich in Nichts aufgelöst hätte.

Der kleine Daniel bemerkte es als Erster, als die Mutter in der Früh so überhaupt nicht liebevoll reagierte, als er sich seine allmorgendliche Umarmung abholen wollte und ein Bussi gab es auch keines zum Abschied. Was war da los? Die Menschen waren alle miteinander noch grantiger als sonst und die Kindergärtnerin blickte böse drein, als Daniel nicht schnell genug die Schnürsenkel seiner Turnschuhe aufbekam.

Auch die Kinder untereinander waren viel aggressiver als sonst und seine Kindergartenfreundin Emma wollte ihm nicht einmal die Hand geben. Daniel war verzweifelt, was war denn heute los? Er spürte, dass da etwas an diesem Tag fehlte, doch er wusste nicht genau, was es war. Ein liebloser Tag war das, das Essen im Kindergarten schmeckte fad und die Eltern stritten sich, als Daniel wieder zu Hause war. Er sollte schon bald zu Bett gehen, denn seine Eltern wollten ihre Ruhe haben. Daniel sah traurig aus dem Fenster und betrachtete den Mond.

In seinem Kummer sprach er: „Lieber Mond, was war denn heute für ein komischer Tag, etwas ganz Wichtiges hat gefehlt, ich weiß aber nicht genau was. Ich weiß nur, dass ich deswegen sehr traurig bin!"

Der Mond antwortete nicht, aber eine Mondelfe kam geflogen, um Daniel zu berichten: „Lieber Daniel, ich kann dir sagen, was dir gefehlt hat: Die Liebe! Die Liebe ist nämlich heute Morgen auf den Mond geflogen, um Urlaub zu machen. Doch was du mir gerade berichtet hast, macht uns Mondelfen ganz schön Kopfzerbrechen. Komm doch mit auf den Mond und erzähle der Liebe, wie sehr sie euch Menschen auf der Erde fehlt, vielleicht verkürzt sie dann ihren Urlaub und kommt schneller wieder zurück!"

Daniel bekam ganz große Augen, mit auf den Mond sollte er kommen? Naja, wieso eigentlich nicht? Die Eltern würden ihn nicht suchen und glauben, er schlafe, also konnte er doch einen Kurzbesuch auf dem Mond wagen und die Liebe auf die Erde zurückholen. Daniel wusste zwar nicht genau, was das bedeutete, doch er wollte unbedingt etwas unternehmen, damit er sich bald wieder wohlfühlen konnte, zu Hause und im Kindergarten.

Die Mondelfe nahm Daniel bei der Hand und gemeinsam flogen sie schnurstracks auf den Mond. „Nicht so schnell!", gluckste Daniel fröhlich, er wollte, dass der Flug zum Mond so lange wie möglich dauerte, denn das Fliegen mit der Mondelfe war wirklich lustig!

Als die beiden auf dem Mond gelandet waren, suchten sie sogleich nach der Liebe. Diese schlief seelenruhig in einem der vielen Mondkrater. Sie erwachte, als sie das Flügelschlagen der Mondelfe hörte, und war nun doch etwas erstaunt, ein Menschenkind auf dem Mond anzutreffen.

„Ja, Daniel, was machst du denn auf dem Mond!?", so viel sei verraten, die Liebe kennt alle Menschen beim Namen!

„Bitte, du musst so schnell wie möglich wieder auf die Erde zurückkommen, du fehlst uns sehr, ohne dich ist es nicht mehr schön auf der Erde, ohne dich vergessen die Menschen, lieb zueinander zu sein!"

Die Liebe war überrascht. Sie hatte sich nicht gedacht, dass bereits der erste Urlaubstag die Menschheit so in Aufruhr versetzte.

„Gut", sagte die Liebe. „Ich komme heute Nacht noch zurück auf die Erde, doch ihr Menschen müsst mir versprechen, mich mehr zu achten."

Daniel versprach der Liebe hoch und heilig, ihre Botschaft im Kindergarten und in seiner Familie zu verbreiten, und gemeinsam flogen sie zur Erde zurück.

Als Daniel am nächsten Tag erwachte, da war ihm, als ob die Liebe selbst ihn wachgeküsst hätte. Seine Mutter beugte sich liebevoll über ihn und streichelte ihm über die Wange.

„Aufstehen, mein Lieber, es ist Zeit fürs Frühstück!"

Und wie Daniel an diesem Tag aufstand. Er umarmte seine Mama und sagte ihr, dass er sie ganz fest lieb habe. Die Mutter freute sich von Herzen und war glücklich, dass ihr kleiner Sohn so viel Liebe in sich trug und diese auch auszudrücken wusste.

Im Kindergarten war die Tante wieder die alte, sie half beim Schnürsenkelaufmachen und strich Daniel dabei liebevoll über den Kopf. Er bedankte sich mit einer Umarmung und sagte der Tante, dass er sie sehr, sehr gern habe. Auch sie freute sich besonders über diese liebevolle Geste und dachte den ganzen Tag mit einem Lächeln an Daniels Worte.

Die kleine Emma wartete schon auf ihren Freund. Sie bekam heute ein Bussi von ihm mit den Worten, das sie seine liebste Freundin sei. Emma wurde ganz verlegen und gestand Daniel, dass er auch ihr liebster Freund sei. So verbrachten die beiden Kinder den ganzen Vormittag miteinander. Das Essen schmeckte prima und als Daniel nach Hause kam, da verstanden sich auch die Eltern wieder gut miteinander.

Ein liebevoller Tag neigte sich dem Ende zu! Daniel öffnete vor dem Schlafengehen sein Fenster und sagte in die dunkle Nacht hinaus der Liebe ein großes „Dankeschön". Sie hatte wieder auf die Erde gefunden. Und so freut sich die Liebe über jeden Menschen, der sie fühlen und zeigen kann, denn jeder Mensch hat die Gabe, die Liebe zu vermehren.

Was wir vom Mond lernen können

❦ Der stille Mond ❦

Es war einmal … ein Mann, der hatte die Angewohnheit, sich über alles und jeden aufzuregen. Den ganzen Tag verbrachte er damit, sich zu ärgern, und er wollte einfach nicht damit aufhören.

Wenn er nach Hause kam, erzählte er seiner Frau, worüber er sich nicht alles geärgert hatte, und regte sich beim Erzählen seiner Ärgernisse nur noch mehr auf. Auch seine Frau regte sich sehr darüber auf, dass ihr Mann tagtäglich solchen Ärger mit nach Hause brachte, und so waren sie beide immer ziemlich aufgebracht. Noch im Bett wurde geschimpft und sich geärgert und manchmal sogar miteinander gestritten. Die Stimmung war grundsätzlich schlecht und der Haussegen hing dadurch oft schief.

Eines schönen Abends, Mann und Frau lagen schon im Bett, da ärgerte sich einer von beiden, nämlich der Mann, darüber, dass es im Schlafzimmer nicht ganz finster war. Der Vollmond erhellte sanft den Raum, was dem Mann gar nicht gefiel.

Er schimpfte, sprang voller Wut auf, stieß sich den großen Zeh an der Bettkante, fluchte und tapste zum Fenster. Als er gerade die Rollläden herunterlassen wollte, hielt er inne, sah den Mond an, dachte an gar nichts und war nicht mehr fähig, sich über irgendetwas aufzuregen.

Er stand einfach nur da und blickte aus dem Fenster.

Seine Frau fragte ihn mürrisch, was denn los sei und warum er mit den Rollläden nicht weitermache. Nichts sei los, antwortete er wie selbstverständlich. Nun wurde die Frau neugierig, was denn der Mann so Spannendes sah, dass er ganz darauf vergessen hatte, zu fluchen und zu schimpfen.

Auch sie stieg aus dem Bett und begab sich zum Fenster. Mann und Frau schauten nun gemeinsam den Mond an, und etwas Magisches geschah. Beide sagten zuerst lange nichts und dann sie: „Schön, gell!"

Und er: „Ja!"

So standen sie und standen sie und standen sie … und wenn sie nicht gestorben sind, dann sehen sie noch heute gemeinsam den Mond an und haben dabei ganz darauf vergessen, sich über den Rest der Welt zu ärgern.

❦ Der vergessene Herzenswunsch ❦

Es war einmal … ein alter Mann, der lag im Sterben. Es war in einer Vollmondnacht, die jüngste Tochter besuchte ihn vielleicht zum letzten Mal und dachte bei sich, er soll es schön hell haben, wenn er vielleicht bald ins Licht gehen muss, der

Vater. So ließ sie die Vorhänge offen an diesem Abend, als sie das Krankenzimmer verließ, und lud den Mond dazu ein, dem todkranken Mann Gesellschaft zu leisten.

Das Licht des Vollmondes schien dem alten Mann mitten ins Gesicht und das gefiel ihm gar nicht. Er ärgerte sich.

„Nicht einmal in Ruhe sterben kann man", dachte er mürrisch und versuchte, sich mit seinen letzten Leibeskräften auf die Seite zu drehen, sodass ihn das Mondlicht nicht mehr so stören würde.

Er mühte sich ab und schaffte es schließlich, seine Position aus eigener Kraft zu verändern. Ein kleines Wunder für den Mann, der nur noch auf das Sterben wartete und keinen Lebensmut mehr verspürte.

Doch was war das, eine leise Sehnsucht ergriff ihn, sobald er an den Mond dachte. Dieser tauchte das Krankenzimmer in ein silberblaues, kühles Licht, das sich seltsamerweise positiv auf das Gemüt des sterbenskranken Patienten auszuwirken schien.

Es heißt, dass sich alle nicht gelebten Sehnsüchte und Wünsche der Menschen auf dem Mond befinden. Sie gehen nicht verloren, sie geraten bei den Menschen auf der Erde nur in Vergessenheit. Doch sind sie auf dem Mond gut aufgehoben. Hier warten sie auf eine Gelegenheit, um sich wieder ins Lebensspiel zu bringen. Manchmal kehren die Sehnsüchte wirklich zurück und holen den Menschen zu Lebzeiten noch ein. Das ist gut so, denn wenn ein Mensch seinen wahren Sehnsüchten nachgibt, dann lebt er seine Herzenswünsche und kann am Ende seines Lebens sagen: „Das hat mir gefallen, dass ich das und das und das ... noch gemacht habe, das habe ich mir gewünscht, das war mein Herzenswunsch und diesen Wunsch habe ich mir erfüllt."

Doch bei diesem Mann, der im Krankenhaus nur noch auf den Tod wartete, war das leider nicht so. Immer wieder hatte er seinen Herzenswunsch verschoben, sich nicht erlaubt, seine Sehnsüchte zu leben, und war hart zu sich selbst und der Welt gewesen. Er wollte etwas „Sinnvolles" schaffen im Leben, für seine Familie und für sich selbst, und war im materiellen Sinn auch tatsächlich weit gekommen. Doch woher kam jetzt so kurz vor dem Tod diese leise süße Sehnsucht?

Vom Mond etwa? Ja, vom Mond! Die alte Sehnsucht des Mannes, der ein großer Weinliebhaber war, blühte plötzlich wieder auf: Zeit seines Lebens hatte er selbst Wein auf seinem eigenen Weinberg anbauen wollen. Das Mondlicht hatte ihn an seinen Lebenswunsch erinnert, der schon vor langer Zeit auf dem erdnahen Himmelskörper seine Ruhe gefunden hatte, wie es schien.

Warum nur hatte er es nie versucht? Warum hatte er nicht einfach damit begonnen!? Warum nur? Selbstvorwürfe und Zweifel kamen dem sterbenden Mann in den Sinn und die Frage, warum gerade jetzt dieser Wunsch wieder aufgetaucht war. Jetzt wo er doch nur noch mit dem Tod rechnen konnte und der Unfriede seines Herzens nur noch größer werden würde, mit diesem unerfüllten Wunsch, der sich hier und jetzt auf die Bettkante setzte und keine Ruhe mehr geben wollte.

Endlich schlief er ein. Er träumte von seinem eigenen Weinberg, von seinem geliebten Wein und von den vielen, vielen Trauben, die ihm dazu verhalfen, den besten Tropfen der Welt zu keltern. Mitten in diesem wunderschönen Traum kam der Engel des Todes zu ihm:

„Wir müssen jetzt gehen!"

Der Mann erschrak, war es denn wirklich schon so weit?

Er hätte sein Leben dafür gegeben, jetzt nicht sterben zu müssen, und sich seinen Herzenswunsch noch erfüllen zu können. Sein Leben dafür geben? Aber das war ja gerade das Problem, dass ihm der Todesengel das Leben aushauchen würde und das irdische Dasein für den Mann nun beendet sein sollte.

Doch der Lebenswille des Mannes war plötzlich so stark geworden, dass der Engel des Todes stutzte. Er sah noch einmal in seinem Buch nach und wirklich, der Name des Mannes war durch seinen plötzlichen wundersamen Lebenswillen einfach verschwunden. Anstatt seines Namens stand nun das Wort „Herzenswunsch" im Totenbuch.

Der Engel des Todes sprach: „Wie ich sehe, ist dein Herzenswunsch so stark, dass er dich am Leben erhält. Doch dein Herzenswunsch muss sich erfüllen, er darf kein Wunsch mehr bleiben, er muss in die Realität umgesetzt werden, dann kannst du weiterleben, so lange, wie es sein soll."

Der Mann konnte die Worte des Todesengels kaum glauben, die Freude war groß in seinem Herzen. Am liebsten wollte er sofort aufspringen und zum nächstbesten Weinberg laufen, um dort Wein anzubauen. Bücher hatte er viele darüber gelesen, hatte sich ausgemalt, wo sein Wein am besten gedeihen würde. So viele schöne Gedanken. So viel Sehnsucht. Und jetzt war es so weit. Nichts war mehr zu spüren von seiner Lethargie, seine Krankheitssymptome schüttelte er einfach ab und begann bereits in jener Nacht damit, in Gedanken seinen Wein anzubauen. Der Mond leistete ihm Gesellschaft dabei und so strahlten die beiden um die Wette.

Am nächsten Morgen mussten die Ärzte des Krankenhauses mit einer Spontanheilung fertig werden und anstatt eines Priesters für die letzte Ölung riefen sie dem Mann nun ein Taxi, das ihn nach Hause bringen sollte.

Doch die meisten Familienmitglieder schlugen die Hände über dem Kopf zusammen, als sie erfuhren, was ihr körperlich geheilter Vater nun vorhatte.

„Jetzt ist er zwar gesund geworden, hat dabei aber leider den Verstand verloren", so hieß es.

Die älteste Tochter schlug sogar vor, den Vater für unzurechnungsfähig erklären zu lassen.

„Wo kommen wir denn da hin, der Vati verprasst ja unseren gesamten Erbteil, wenn er jetzt damit anfängt – in seinem Alter! – Wein anzubauen!"

Aha, dachte der Mann traurig, daher weht also der Wind, die Kinder fürchten um das Geld, das ihnen entgeht, wenn ich noch weiterlebe und mir meinen Herzenswunsch erfülle. Es wäre ihnen wohl lieber gewesen, ich wäre unglücklich dahingeschieden und hätte ihnen damit mein ganzes Hab und Gut hinterlassen.

Das war schlimm, doch nicht alle seine Kinder dachten so. Besonders die jüngste Tochter, die den Vater sehr liebte und sich freute, dass er wieder gesund geworden war, war da ganz anderer Meinung. Sie bot ihm ihre Hilfe an und gemeinsam machten sie sich auf die Suche nach dem Weinberg des Herzens, der als Lebensretter gedient hatte.

Der Mann wusste nicht, wie viel Zeit ihm noch blieb, um sich seinen Wunsch zu erfüllen. Er vertraute seinem starken Sehnen, das ihm das Leben gerettet hatte und das ihn wohl ans Ziel führen würde.

Die Ehefrau zeigte sich schließlich auch noch einsichtig. Die Haare hatte es ihr anfänglich aufgestellt ... „Jetzt war er gerade noch todkrank und dann das!"

Sie versuchte anfangs, ihn von seinem Vorhaben abzubringen. „Du willst selbst Wein anbauen, Karli, wir leben in der Großstadt, wie stellst du dir das vor?"

„Ganz einfach, ein Stück Land kaufen und los geht's!"

„Unmöglich", sagten die einen, „Wunderbar!", schwärmte die jüngste Tochter.

Und nicht zu vergessen. Wenn jemand seinen Herzenswunsch ein Leben lang hegt und pflegt, und dieser Wunsch niemals aufhört und auf dem Mond zwischengelagert wurde, dann hat das schon eine große Bedeutung. Dann kann dieser Jemand die Sache, die er sich so sehr wünscht, höchstwahrscheinlich sehr, sehr gut. Denn alles, was man gerne macht, das macht man von Herzen, das macht man mit Liebe und das hat eine besondere Qualität.

Der Anbau von Wein erfordert Geschick und Geduld, aber durch eine liebevolle Bepflanzung, ausreichend Sonne und den richtigen Schnitt der Triebe sollte dem edlen Tropfen nichts mehr im Weg stehen.

So kaufte sich der Mann um sein „Sterbgeld", wie es die Frau zu sagen pflegte, einen kleinen sonnigen Hügel, der windgeschützt war und nicht zu weit entfernt von der Wohnung in der Stadt lag.

Jede freie Minute verbrachte der Mann auf seinem „Weinhügel", wie er ihn liebevoll nannte. Die Frau half ihm immer öfter und auch für die jüngste Tochter war es ein sinnvoller Zeitvertreib, Stunden gemeinsam mit dem Vater in der freien Natur zu verbringen.

In den Vollmondnächten blickte dieser hinauf zu seinem lieben Freund, dem Mond, der ihn erinnert hatte an seine alte Sehnsucht, die ihm schließlich das Leben rettete.

Wie sollte es anders sein? Alles, was man mit Liebe macht, das gelingt auch. Und so wurde der erste Weinhügel-Wein ein so edler Tropfen, dass der Mann es sich erlaubte, seinen „Herzenswein" an einem Wettbewerb teilnehmen zu lassen. Der Wein wurde ausgezeichnet und schmeckte auch anderen Menschen so gut, dass er bald berühmt und bekannt wurde.

Doch der Mann wurde durch seinen Erfolg nicht größenwahnsinnig. Er blieb bei seinem kleinen Weinhügel, baute sich dort eine kleine Hütte und verbrachte viel Zeit mit sich und seinem geliebten Wein.

Auch wenn die anderen noch so lästern und dagegen sind, niemand sieht in das Herz eines Menschen, niemand kann nachempfinden, was es bedeutet, sich etwas von ganzem Herzen zu wünschen, nur die Seele selbst hat eine Ahnung davon, dass die Erfüllung eine Erlösung ist und das Leben maßgeblich verändern kann.

Die Menschen, die den Wein des Mannes tranken, fühlten eine sonderbare Wärme in sich aufsteigen, und wenn es eine Vollmondnacht war, und sie ihr Glas erhoben, dann spürten sie ihre alten Sehnsüchte wieder aufkommen.

Und selbst als der Mann schon lange gestorben war und seine Ruhe gefunden hatte, betreute seine Tochter den Weinbau liebevoll weiter. So hatte der Herzenswunsch des Vaters im wahrsten Sinne Früchte getragen und die Tochter sorgte dafür, dass sein Andenken auch in Zukunft bewahrt wurde.

In Vino Veritas. Und im Mond auch!

❦ Das ungeduldige Mädchen ❦

Es war einmal … ein Mädchen, das war sehr ungeduldig. Es konnte nichts erwarten. Wenn die Mutter einen Kuchen backte, dann schaute es ständig nach, ob er denn nicht schon fertig war, sodass der Kuchen in sich zusammenfiel. Und jeden Tag guckte das Mädchen schon um 7 Uhr in der Früh zum ersten Mal in den Postkasten, obwohl es genau wusste, dass der Briefträger erst am frühen Nachmittag die Post brachte.

Die Ungeduld des Mädchens zog sich wie ein roter Faden durch sein Leben. Wenn es Morgen war, konnte es den Mittag nicht erwarten und war es schließlich endlich 12 Uhr, dann sehnte es den Abend herbei. Die Mutter des Mädchens war verzweifelt, sie wusste nicht mehr ein noch aus mit dem Kind. Die Ungeduld der Tochter machte sie rasend. So beschloss sie, das Mädchen einen Monat lang in den Ferien zur Tante aufs Land zu schicken.

Das Mädchen war schon Wochen vorher ganz ungeduldig, denn es freute sich sehr auf den Landbesuch. Es trieb seine Mutter mit der ungeduldigen Fragerei, wie lange es denn noch dauere, fast in den Wahnsinn. Doch irgendwann war es endlich so weit, die Mutter brachte die Tochter zum Zug und war froh, nun einen ganzen Monat lang Erholung von der quälenden Ungeduld des eigenen Kindes zu haben.

Die Tante wusste nichts von den Anwandlungen des Mädchens und freute sich auf den Besuch der Nichte. Die beiden hatten sich Jahre nicht gesehen und die Freude über das Wiedersehen war groß. Als Überraschung holte die Tante das Mädchen mit einer Pferdekutsche vom Bahnhof ab. Und schon wieder ging es los mit der Ungeduld.

„Wann sind wir denn da?", fragte das Mädchen sofort wieder und konnte so die Kutschenfahrt gar nicht richtig genießen. Die Tante besaß ein Gestüt und einen kleinen Reitstall. Das Mädchen sollte in den Ferien reiten lernen und freute sich natürlich riesig darauf.

Kaum hatte es im Haus der Tante sein Zimmer bezogen, so wollte es schon die Pferde sehen, am selben Tag noch reiten lernen und dann auch gleich einen Ausritt machen.

Doch die Tante hatte natürlich andere Pläne für das Mädchen. Zuerst wurde zu Abend gegessen und dann war es Zeit, schlafen zu gehen. Die Pferde sollte das Mädchen erst am nächsten Tag kennenlernen.

Das ungeduldige Mädchen wollte aber nicht und nicht einschlafen. Es hatte die ganze Zeit nur die Pferde im Kopf und konnte es einfach nicht aushalten, die lieben Tiere erst am nächsten Morgen kennenzulernen. So schlich es sich aus dem Haus und suchte den Pferdestall. Natürlich war dieser verschlossen und so stand es nun da, das kleine Mädchen, mitten in der Nacht und wusste nicht, was es mit seiner Ungeduld anfangen sollte. Es blickte zum Himmel hinauf und entdeckte den Mond. Dieser schien das Mädchen sonderbar anzulächeln.

Plötzlich vernahm es eine Stimme:

„Hallo, du ungeduldiges Mädchen da unten auf der Erde! Ja, genau dich meine ich! Ich möchte dir sagen, ich war früher auch einmal so ungeduldig wie du. Ich wollte immer viel, viel schneller um die Erde düsen, aber dann merkte ich, dass das keinen Sinn hat und nur Chaos auslöst. Alles im Leben hat seine Zeit, und so habe ich gelernt, geduldig in meinen Mondphasen herumzuwandern. Zuerst bin ich voll, so wie jetzt, dann nehme ich ab, ganz langsam und sacht, und schließlich bin ich ganz weg, nur mit dem einen Ziel, bald wiederzukommen, wieder zuzunehmen und wieder voll zu sein. Alles im Leben hat seine Zeit, das Leben braucht einen Rhythmus, auch deines. Stell dir vor, liebes Mädchen, wenn sogar ein so großer Himmelskörper wie ich Geduld lernen kann, dann wird dir das wohl auch möglich sein!"

Der Mond lächelte noch immer und das Mädchen rieb sich die Augen. Hatte der Mond wirklich gesprochen, oder war das nur die Müdigkeit? Träumte es? Auf alle Fälle schlüpfte es jetzt wieder ganz schnell in sein Zimmer unter die warme Bettdecke zurück und versuchte zu schlafen. Die Pferde kamen ihm wieder in den Sinn und dann der Mond. Und schon schlief es ein.

Bereits am nächsten Morgen durfte das Mädchen die Pferde sehen. Die Tiere freuten sich über die kleine Besucherin, die bald auf ihnen reiten lernen würde. Doch alles zu seiner Zeit, mahnte die Tante, zuerst sollte das Mädchen den Umgang mit Pferden lernen, wie man mit Pferden spricht, wie man sie pflegt und wie man sich diesen Tieren gegenüber am besten verhält. Denn Pferde sind sensible Wesen, sie erschrecken leicht, und durch ihre „Pferdestärken" können sie auch so manches Unheil anrichten.

Das Mädchen hörte aufmerksam zu. Die Tante war eine sanftmütige Frau und meinte es gut mit ihm. Und nach den Ratschlägen des Mondes hatte sich das Mädchen ernsthaft vorgenommen, in Zukunft geduldiger zu sein, doch das fiel ihm gar nicht so leicht. Zu gern hätte es sich gleich auf den Rücken eines der Pferde gesetzt und wäre einfach damit losgeritten. Doch so einfach, wie sich das Mädchen das vorstellte, war das ganz und gar nicht.

Es war schon dunkel geworden und der liebe Mond sah zufrieden dabei zu, wie das Mädchen am Ende des Tages beim Hufeausputzen helfen durfte und sich dabei richtig Mühe gab. Eine Geduldsarbeit, denn einige der Pferde waren ziemlich schmutzig geworden über den Tag. Doch ein gutes Training für das kleine Mädchen, das ihre neuen Tierfreunde erst einmal von unten kennenlernen durfte, bevor sie obenauf sitzen sollte.

Jeden Abend beobachtete das Mädchen den Mond, wie er ganz langsam seine Form veränderte. Der Mond ging mit gutem Beispiel voran und das Mädchen lernte beim Umgang mit den Pferden, was es heißt, Geduld zu haben. Nach ein paar Tagen gab es die ersten Reitstunden für die kleine

Pferdenärrin und als sich der Aufenthalt bei der Tante dem Ende zuneigte, hatte das Mädchen nicht nur reiten, sondern auch Geduld gelernt.

Die Mutter erkannte ihre Tochter kaum wieder, als sie zu Hause ankam. Die Ungeduld schien wie weggeblasen und der Wunsch nach einem eigenen Pferd war groß. Die Besuche bei der Tante wurden nun häufiger und wenn sich die Ungeduld wieder einmal nicht und nicht verjagen ließ, dann nahm sich das Mädchen wieder ein gutes Beispiel am Mond.

„Wenn der liebe Mond geduldig sein kann, dann kann ich das auch!", lautete der Leitspruch des Mädchens, der es sein restliches Leben lang vor übertriebener Ungeduld bewahren sollte.

❖ Das Nasenbohr-Märchen ❖

Es war einmal ... ein kleiner Junge namens Franzi, der hatte eine ziemlich schlechte Angewohnheit. Er bohrte ständig in der Nase. Und er machte das schon so lange, dass es ihm gar nicht mehr auffiel. Wenn seine Mutter ihn schimpfte, dann war es ihm schon ein wenig peinlich, und auch in der Schule wurde er oft von der Lehrerin ermahnt. Doch immer wieder wanderten seine Finger in Richtung Nase und bohrten – manchmal bewusst und ein anderes Mal wieder ganz unbewusst – darin. Das Nasenbohren war zu einer Gewohnheit geworden. Auch viele Erwachsene bohren in der Nase, aber die sind meistens so klug, dass sie sich nicht dabei erwischen lassen. Manchmal sieht man sie in ihren Autos genüsslich in ihren Nasen bohren, sie glauben dann, hier würden sie nicht gesehen, aber da täuschen sie sich!

Franzis Mutter machte sich große Sorgen um die Gesellschaftstauglichkeit ihres Sohnes und ging mit ihm zum Arzt. Nicht zum Hausarzt, nein, gleich zum Kinderpsychologen. Der Psychologe sprach freundlich mit Franzi und fragte ihn, warum er denn so gern in der Nase bohre. Natürlich wusste Franzi das nicht. Er bohrte einfach gerne. Der Kinderpsychologe war guter Dinge. Franzi sei ein kerngesunder Junge, meinte er, und das Nasenbohren würde er sich schon irgendwann einmal abgewöhnen. Die Mutter war enttäuscht, gab es denn keine Pillen gegen dieses dumme Nasenbohren? Nein, zum Glück nicht!

Doch die junge Frau gab nicht auf. Die nächste Station war eine kräuterkundige Frau, die für den kleinen Franzi vielleicht eine Rezeptur wusste, die ihn von seinem „Leiden" befreien könnte. Die weise Frau war schon sehr alt, sie wusste um die Gewohnheiten der Menschen, die schon sehr früh beginnen können. Manche sind gut, manche sind schlecht, andere wieder sind neutral. Sie sah dem Jungen tief in die Augen und sprach dabei mystische Zauberformeln. Das tat sie allerdings nur, um ihn zu beeindrucken, denn je mehr Hokuspokus, desto wirksamer waren meistens auch ihre Ratschläge und Rezepturen.

Dann sprach sie zu Franzi: „Junger Mann, falls du das Nasenbohren aufgeben möchtest, dann hilft dir der Mond dabei! Wenn du es schaffst, an einem Neumondtag den ganzen Tag nicht in der Nase zu bohren, dann ist der Bann gebrochen, dann hast du deine Gewohnheit für immer und ewig aufgegeben und wirst nie wieder das Verlangen haben, mit deinen Fingern in der Nase zu bohren!"

Doch die weise Frau war noch nicht fertig: „Und nun zu dir, junge Mutter. Auch du kannst den Neumond nutzen, um eine schlechte Gewohnheit abzulegen, ich sehe, dass deine Fingernägel ganz abgenagt sind. Wenn du damit auch aufhören willst, dann verhalte du dich mit deiner Gewohnheit genauso, wie ich es deinem Sohn geraten habe!"

Franzis Mutter kaute schon seit vielen Jahren an ihren Nägeln, und das war ihr sehr unangenehm. Sie konnte es sich nicht vorstellen, dass sie diese Angewohnheit so schnell würde loslassen können, doch einen Versuch war es allemal wert.

Mutter und Sohn trugen sich den nächsten Neumondtag ganz dick und fett im Kalender ein, damit sie nur ja nicht darauf vergessen würden. Als der Tag der Wahrheit, wie sie ihn selbst nannten, gekommen war, hatten beide den festen Willen, ihre schlechten Gewohnheiten für immer und ewig abzulegen.

Franzi musste ganz schön aufpassen, dass er nicht unbewusst begann, in der Nase zu bohren, und der Mutter ging es mit dem Nägelkauen genauso. Doch beide hielten tapfer durch. Als Franzi von der Schule nach Hause kam, berichtete er ganz stolz, dass er nicht ein einziges Mal in der Nase gebohrt hatte! Und die Mutter war auch stark geblieben. Nicht ein Mal hatte sie bis jetzt an den Nägeln gekaut. Der Neumondtag verstrich und die beiden blieben standhaft.

Am nächsten Morgen war irgendetwas anders als sonst: Die schlechten Gewohnheiten waren verschwunden! Sie hatten es dem Mond gleich getan, so wie der Mond zu Neumond verschwindet, so verschwanden auch das Nasenbohren und das Nägelkauen. Doch im Gegensatz zum Mond kamen sie nicht wieder.

Die Mutter freute sich, dass sie endlich eine wirksame Lösung für das Problem ihres Sohnes gefunden hatte und damit gleichzeitig auch ihr eigenes losgeworden war. Und so lebten die beiden ganz ohne Nasenbohren und Nägelkauen und freuten sich über ihren gemeinsamen Erfolg, der für Mutter und Sohn etwas ganz Besonderes war.

❋ Alle meine Gewohnheiten ❋

Es war einmal ... eine Frau, die hatte sich vorgenommen, an nur einem Tag alle ihre schlechten Gewohnheiten abzulegen. Ein mutiges Unterfangen war das. Warum sie das tat? Sie hatte in einer Zeitschrift gelesen, dass es an Neumondtagen leichter fiele, alte Muster aufzulösen und sich stattdessen neue, sinnvollere Gewohnheiten anzueignen.

Als die Mondfee das hörte, beschloss sie, der Frau zu helfen. Sie schickte eine Mondelfe auf die Erde, um die Frau bei ihrem Unterfangen zu unterstützen. Die Frau staunte nicht schlecht, als sie am Morgen von einem feinen Kitzeln am Ohr geweckt wurde. Ein klitzekleines, durchsichtig weißes Wesen schwirrte vor ihrem Gesicht herum und kicherte ein „Guten Morgen!".

So war das immer. Die Mondelfen waren das gewohnt. Es kam zwar nicht oft vor, dass sie sich Menschen zeigten, aber wenn das der Fall war, dann waren die Menschen natürlich überrascht und manchmal bekamen sie sogar Angst.

Die Frau glaubte jedoch an Elfen und Feen und nach einem kurzen Gedanken, ob sie übergeschnappt sei oder vielleicht tot, wurde ihr bewusst, dass sie wie immer in ihrem Bett lag, nur dass jetzt eine kleine süße Elfe bei ihr war.

Die Mondelfe stellte sich höflich vor und berichtete von ihrem Auftrag. Die Frau freute sich sehr, denn es war ihr ernst mit ihrem Vorhaben, heute, ja, genau heute, an einem Neumondtag, ALLE ihre schlechten Gewohnheiten aufzugeben.

Es konnte also losgehen, schon am frühen Morgen galt es, alte Muster aufzuspüren. Der Wecker hatte geläutet, doch normalerweise war das noch lange kein Grund, um aufzustehen. Die erste Lektion lautete also: „Wenn der Wecker läutet, stehe ich auch auf!" Das war einfach. Die alte Gewohnheit, länger liegen zu bleiben, wurde einfach durch die neue Gewohnheit, gleich aufzustehen, ausgetauscht.

Beim Frühstück ging es weiter. Jeden Tag nahm sich die Frau vor, sich gesünder zu ernähren, nicht mehr so viel Kaffee zu trinken und mit dem Rauchen aufzuhören. Heute sollte es klappen. Die Guten-Morgen-Zigarette wurde für's Erste auf den Vormittag verschoben, denn so auf einen Schlag zum Nichtraucher zu werden, das hatte bis jetzt noch nie funktioniert. Die Mondelfe riet zu kleinen Schritten, die an jedem Neumondtag weiter fortgesetzt werden sollten. Das Frühstück bestand heute aus Müsli, Joghurt und Obst, und es schmeckte einfach herrlich! Die Mondelfe klatschte begeistert in die Hände, denn die Elfen freuen sich, wenn es den Menschen gut geht und wenn sie helfen können.

Im Auto wollte sich die Frau aus reiner Gewohnheit schon eine Zigarette anzünden. Die Elfe zeigte auf die Armbanduhr, die erste Zigarette war erst um 11 Uhr geplant. Die Macht der Gewohnheit hatte zugeschlagen, doch mit einer Mondelfe an Bord geht alles viel leichter.

Heute war die Frau früh dran und steckte deswegen auch nicht im Stau. Eine nervenschonende Art, ins Büro zu gelangen, wie sie fand. Am Arbeitsplatz angelangt, entdeckte die Elfe eine weitere Gewohnheit, die verändert werden musste. Bis zu zehn Tassen Kaffee trank die Frau im Lauf des Tages, das war eindeutig zu viel! Der Kaffee wurde durch Schwarztee ersetzt und beide fanden, dass das eine gute Alternative war.

Das Ärgern über einen ganz bestimmten Kollegen war auch so eine Gewohnheit, wie sollte die bloß aufgelöst werden? Ganz einfach, sobald sich die Frau über ihn ärgerte, sollte sie den Kollegen ansprechen und die Sache mit ihm ausreden. Schon wieder eine neue Gewohnheit, doch die war gar nicht so einfach umzusetzen. „Kleine Schritte", hatte die Mondelfe gesagt, denn das Vorhaben, ALLE schlechten Gewohnheiten an nur einem Tag abzulegen, wäre keine gute Idee gewesen.

So wurde es ein sehr erfolgreicher Neumondtag. Die Gewohnheiten waren erkannt worden und sollten langsam verändert werden. Natürlich nicht nur an Neumondtagen, sondern auch an allen anderen Tagen des Monats. Doch zu Neumond bekam die Frau immer wieder Besuch von der Mondelfe, die ihr half, ihre guten Vorsätze auch umzusetzen.

Die erste Zigarette des Tages wurde immer später geraucht, und die Anzahl der Glimmstängel verringerte sich mit der Zeit bedeutend. Die Ernährung wurde immer gesünder, doch durfte natürlich auch der Genuss nicht fehlen! Die Frau war auf dem richtigen Weg, der dazu führte, dass es ihr rundherum immer besser ging. Sie musste nicht mehr so viel husten und nahm gleichzeitig an Gewicht ab. Ein Wunder, meinten Familie und Freunde, die die Frau nur als hoffnungslosen „Suchthaufen" kannten.

Als sie schließlich nur noch eine einzige Zigarette am Tag rauchte, sich mit ihrem vormals ungeliebten Kollegen blendend verstand und durch ihre bewusste Ernährung auch schon einiges an überschüssigen Pfunden verloren hatte, bekam sie von der Mondelfe ein ganz besonderes Geschenk. Die Mondelfe verriet der Frau, warum sie so anfällig für ungesunde Verhaltensweisen war. Es war nämlich so, dass jedes Suchtverhalten einen Grund hat, und wenn die Gewohnheit einmal Raum eingenommen hat, dann ist es sehr schwer, sie wieder loszuwerden, doch es ist möglich. Mit einem starken Willen und einem Ziel!

Die Mondelfe sprach: „Wir sind stolz auf dich! Du hast es so weit geschafft, du bist jetzt wieder Herrin über dich selbst, du bist nicht mehr abhängig von deinen Suchtmitteln, du hast es geschafft, dich selbst zu beherrschen, deine schlechten Gewohnheiten in gute umzuwandeln! Als Dank dafür lassen wir dich ein wenig hinter den Schleier blicken! Alle Menschen sehnen sich nach Liebe. Ist diese Liebe nicht da, dann suchen sie Ersatz, oftmals in Süchten. „Sucht" bedeutet „Suche", und manchmal scheint es so, als hätte man im Außen etwas gefunden, was Befriedigung verschafft. Zigaretten, Alkohol, zu viel Essen, das sind alles Dinge, die euch Menschen Glücksgefühle verschaffen, leider nur kurzfristig. Um diese Glücksgefühle zu steigern, braucht ihr dann immer mehr davon. Und schon wird das Rauchen zur Gewohnheit oder das übermäßige Essen. Du bist aus diesem Kreislauf ausgestiegen! Durch deine Achtsamkeit zeigst du dir und deinem Körper, dass du dich selbst liebst, und das ist bereits der erste Schritt, um glücklich zu leben."

Die Frau hörte aufmerksam zu. Sie hatte alles verstanden. Und sie konnte der Mondelfe nur beipflichten. Viele Jahre war es so gewesen, dass sie zwar den Wunsch hatte, aus ihren Gewohnheiten auszusteigen, es jedoch viel bequemer fand, in den alten Mustern zu verharren. Doch nun hatte sie es wirklich geschafft. Jetzt musste sie nur noch darauf achten, die neuen Gewohnheiten zu pflegen, sodass sie ihr in Fleisch und Blut übergingen. Ein Leben lang.

❧ *Bist du in deinem Element?* ❧

Es war einmal … ein Mann, der war auf der Suche nach sich selbst und wollte wissen, was es bedeutet, in seinem Element zu sein.

So fragte er den Fisch im Wasser: „Bist du in deinem Element?"

„Ja, das bin ich! Das Wasser ist mein Element, hier fühle ich mich wohl!", antwortete der Fisch und schwamm vergnügt weiter.

„Und du, lieber Vogel, bist du in deinem Element?", fragte der Mann einen vorbeifliegenden Spatz, der ebenfalls bejahte und nichts Schöneres kannte, als durch die Lüfte zu fliegen und seine Freiheit zu genießen.

Und schließlich fragte er einen Regenwurm: „Ja, und was ist mit dir, das kann doch nicht angenehm sein, in der Erde herumzukriechen!? Bist du in deinem Element?"

Und der Wurm antwortete: „Ja, natürlich, hier gefällt es mir, hier bin ich in meinem Element! Die feuchte Erde ist meine Welt, hier gehöre ich hin, hier fühle ich mich wohl!"

Der Mann war erstaunt. Im Wasser war es ihm zu nass, fliegen war ihm unmöglich, und vor der feuchten Erde fürchtete er sich, weil er dabei daran denken musste, dass er irgendwann einmal sterben würde.

Doch was war nun sein Element? Er wusste es nicht. So machte er sich weiter auf die Suche und traf am Fuß eines hohen Berges einen jungen Steinbock.

„Junger Steinbock, ist das dein Element, der Berg?"

„Ja, hier gehöre ich hin, ich bin dafür gemacht, hier habe ich alles, was ich brauche, hier bin ich glücklich, hier bin ich in meinem Element! Hier kann ich herumspringen und an den wohlschmeckenden Kräutern knabbern, die aus den Felsspalten herauswachsen", antwortete der Steinbock.

Es wurde Nacht, und der Mann suchte Schutz unter einem Baum im Wald.

Und schon wieder ging die Fragerei los: „Baum, bist du in deinem Element?"

„Ja, das bin ich, ich bin genau dort, wo ich hingehöre. Der Wald ist mein Element, ich bin ein Element des Waldes. Hier habe ich Wurzeln geschlagen, hier bin ich daheim ..."

So legte sich der Mann zum Schlafen nieder und blickte zum Himmel. Hinter einer Wolke kam der Mond hervor und strahlte ihn an. Auch jetzt fragte der Mann sogleich: „Lieber Mond, bist du in deinem Element?"

„Oh ja, das bin ich, ich habe hier meine Umlaufbahn am Himmel gefunden, umkreise die Erde und habe dabei den Überblick über alles, was da unten so passiert. Dabei bin ich voll und ganz in meinem Element!"

„Doch was ist mein Element?", fragte sich der Mann und wusste es noch immer nicht.

Der Mond lächelte vom Himmel herunter, denn er wusste die Antwort.

„Lieber Mann, du bist voll und ganz in deinem Element!", du fragst der ganzen Welt Löcher in den Bauch und erfährst dadurch sehr viel. Sei gescheit und zeichne dein Wissen auf, dann bist du in deinem Element."

So kam es, dass der erste Forscher auf der Welt in seinem Element war und sich darüber bewusst wurde, wie wichtig es ist, sich über sich selbst und die Welt Gedanken zu machen und Fragen zu stellen.

Als Erstes schrieb er: „*Jeder Mensch hat die Fähigkeit, in seinem Element zu sein. Es ist nicht immer ganz einfach, das herauszufinden, doch ist es andererseits gar nicht so schwer. Da, wo wir uns wohlfühlen, sind wir in unserem Element. Und wenn wir in unserem Element sind, dann sind wir auch glücklich."*

❖ Der ganze Mond ❖

Es war einmal ... der Mond, der zog seine elliptischen Bahnen um die Erde und veränderte dabei regelmäßig seine Form. Wenn er voll war, dann zeigten die Menschen mit dem Finger gen Himmel und sagten: „Was für ein schöner Vollmond heute wieder ist!" Doch wenn der Mond abnahm und schließlich für ein paar Tage ganz vom Himmel verschwand, kümmerte das die meisten Leute wenig.

Da gab es ein kleines Mädchen, das liebte den Mond sehr. Es beobachtete ihn, so gut es ging, und machte sich große Sorgen, wenn der Mond jeden Monat aufs Neue für ein paar Tage vom Himmel verschwand. An den Neumondtagen war das Mädchen ganz verzagt und wollte nicht zur Schule gehen. Es dachte die ganze Zeit an den Mond und wo er denn nur stecken konnte.

Am Abend schaute das Mädchen lange aus dem Fenster und wünschte sich nichts sehnlicher, als dass sein Freund, der Mond, wieder gesund zurückkommen würde und dass ihm hoffentlich nichts Schlimmes passiert war.

Die wildesten Geschichten dachte sich das Mädchen an den Neumondtagen aus. Der Mond könnte von einem Drachen gefressen worden sein oder vielleicht war er ja in ein schwarzes Loch gefallen. Die kleine Mondfreundin hatte von diesen gefährlichen schwarzen Löchern gehört, wusste aber nicht wirklich, was sie bedeuteten.

Vielleicht hatte der Mond die Erde verlassen und sich einen anderen Planeten gesucht, oder war schwer krank und deswegen nicht am Himmel zu sehen? Immer wieder fand das Kind neue Erklärungen für das Verschwinden des Mondes und je mehr es darüber nachgrübelte, was dem Mond wohl passiert sein könnte, desto mehr Angst bekam es, dass der geliebte Himmelsfreund nie mehr zurückkehren würde.

Jeden Monat ging das so. An den Neumondtagen bekam das Mädchen Bauchweh vor Sorge und die Mutter wusste nicht mehr, was sie mit dem Kind anfangen sollte. Alle Erklärungen halfen nichts, das Mädchen war krank vor Kummer und wartete sehnsüchtig darauf, dass der Mond endlich wieder in Form einer zarten Sichel am Himmel zu sehen sein würde. Die Tage vergingen und das Mädchen konnte ihren geliebten Mond nirgends entdecken, der Himmel war stark bewölkt und die Kleine sehr betrübt.

Schreckliche Träume begleiteten das Mädchen und als es schweißgebadet erwachte, stand plötzlich die Mondfee neben dem Kinderbett. Sie zeigt sich nur sehr selten auf der Erde und es muss auf alle Fälle einen guten Grund geben, warum sie zu einem Menschenkind kommt. Im Fall des Mädchens konnte die Mondfee einfach nicht länger dabei zusehen, wie sich das Kind kränkte und sich grundlos Sorgen um den Mond machte.

„Wer bist du?", fragte das Mädchen und hatte überhaupt keine Angst.

Die Mondfee sah wunderschön aus, mit ihren langen silbernen Haaren und ihrem silbernen Sternenkleid, das bis zum Boden reichte.

„Ich bin die Mondfee und ich bin zu dir gekommen, um dir liebe Grüße zu bestellen von deinem Freund, dem Mond. Er möchte dir sagen, dass es absolut keinen Grund gibt, dir Sorgen zu machen. Dem Mond geht es gut und er kommt bestimmt wieder, er kommt immer, immer wieder! Auch wenn du den Mond nicht sehen kannst, sei dir gewiss, er ist immer für dich da, egal ob als Vollmond, abnehmender oder zunehmender Mond, der Mond ist immer ganz und es tut ihm auch nicht weh, wenn es für dich auf der Erde so aussieht, als würde er seine Gestalt verändern."

So schnell die Mondfee gekommen war, so schnell war sie auch wieder verschwunden. Sie löste sich in Form einer silbernen Wolke aus Sternenstaub einfach auf. Das Mädchen rieb sich die Augen und sah noch ein letztes Glitzern, das die Fee im Kinderzimmer hinterließ. Die kleine Mondfreundin glaubte den Worten der Mondfee und war voller Zuversicht.

Doch was war das, da lag doch etwas auf dem Boden, das vorher noch nicht da gewesen war. Das Mädchen hüpfte aus seinem Bettchen und fand eine silberne Murmel am Boden liegen. Die Murmel war ein Geschenk der Mondfee als Symbol für die Ganzheit des Mondes. Diese silberne kleine Kugel sollte das Mädchen daran erinnern, dass es sich keine Sorgen mehr um den Mond machen musste.

Die Wolken hatten sich verzogen und als das Mädchen aus dem Fenster blickte, da sah es den Mond als hauchzarte Sichel vom Himmel herunterblinzeln. Oh, wie freute es sich da, die Mondfee hatte recht gehabt, der Mond kommt immer wieder. Von nun an machte sich das Mädchen keine Sorgen mehr um den Verbleib des Mondes. Die silberne Kugel trug es als Zeichen des Vertrauens ein Leben lang bei sich.

❧ Der König der Trinität ☙

Es war einmal ... ein König, der wollte wissen, was es mit der „Trinität" auf sich hat. Er schickte seine Mannen aus, um zu verkünden, derjenige, der ihm sagen könne, was die Zahl Drei wirklich bedeute, und der ihm die Dreieinigkeit plausibel erklären könne, dem würde er nicht nur seine Tochter zur Frau geben, dieser Jemand würde auch noch zu seinem Thronfolger bestimmt.

Viele edle Ritter fanden sich bald am Hofe ein, auch einige Prinzen waren dabei. Weise Männer kamen gelaufen, mit langen weißen Bärten. Jeder Einzelne glaubte die Wahrheit zu kennen über das Geheimnis der Zahl Drei.

Die Drei verbirgt sich in mancherlei Dingen. So sind zwei Menschen notwendig, um einen dritten auf die Welt zu bringen. Gottvater, der Sohn und der heilige Geist, auch diese drei waren dem König ein Begriff. Drei Mal auf Holz klopfen, drei Wünsche von der guten Fee, toi, toi, toi, aller guten Dinge sind drei ... die Liste war endlos. Schon ein ganzes Leben lang beschäftigte sich der König mit dieser Frage: Doch was hatte es mit der Trinität nur auf sich?

Der König wusste es nicht. Seine Schriftgelehrten widmeten sich dieser Zahl und entschlüsselten sie so wenig wie der König selbst. Den mathematischen Sezierakten hielt die Drei genauso stand wie den tiefsinnigsten philosophischen Annäherungen.

Drei, immer wieder Drei. Warum gerade die Drei? Der König war nahe daran, den Verstand zu verlieren. Endlich war der Hofnarr auf die rettende Idee gekommen, das ganze Land einzuladen, sich der „Lieblingszahl" des Königs zu widmen und auf diesem Weg das Geheimnis der Drei zu lüften.

Die Schriftgelehrten trafen eine Vorauswahl für den König, der sich – oh Wunder – drei Kandidaten wünschte, unter denen einer dabei sein sollte, der das Rätsel der Drei für ihn lösen konnte. Tagelang wurde am Hof über die Trinität diskutiert und philosophiert. Es war keine leichte Wahl, drei würdige Bewerber zu finden. Doch am dritten Tag standen die Anwärter fest.

Den Anfang machte ein junger Prinz, der sich zeit seines Lebens mit den schönen Künsten und vor allem mit schönen Gespielinnen beschäftigt hatte. Für ihn war die Antwort klar. Die Drei symbolisierte für ihn das Liebesspiel mit zwei Frauen. Er fing an zu schwärmen, wie schön es schon sei, sich mit nur einer Frau zu vergnügen, und dann noch mit einer zweiten zum selben Zeitpunkt und in derselben Bettstatt. Hier verbarg sich für den liebestollen Prinzen das Geheimnis der Dreiheit.

Der König lauschte zwar sehr aufmerksam den sinnlichen Ausführungen des adeligen Jungspunds, doch winkte er schnell wieder ab. Die körperliche Liebe, so schön sie auch sei, war für ihn nicht des Rätsels Lösung.

„Fleischliche Lust vergeht so schnell, wie sie gekommen ist, Trinität muss etwas Größeres und Ganzheitlicheres sein", meinte der König und war froh, seine Tochter nicht einem solchen Schürzenjäger übergeben zu müssen.

Der nächste Kandidat war schon etwas älter. Ein Ritter, der bereits viel gesehen und erlebt hatte. Für ihn hatte die Trinität etwas mit dem Lebenskampf zu tun. Der König war sich nicht sicher, ob er so etwas Ähnliches nicht schon einmal irgendwo gehört hatte, als der Ritter mit seiner Definition von „Ich kam, sah und siegte!" die Dreiheit beschrieb. Das Wichtigste im Leben war für diesen Ritter die Eroberung und natürlich der Sieg. Und da er bis jetzt alle seine Kämpfe gewonnen hatte, kannte er auch nichts anderes als den Triumph seiner gelebten Dreiheit.

Der König war enttäuscht. Das war nun wirklich nichts Neues für ihn. Seine Schriftgelehrten zuckten mit den Achseln, hatten sie diesen Ritter doch für die Vorsprache ausgewählt.

Der dritte und letzte Kandidat machte auch keinen besonders guten Eindruck. Ein Bauernbursch in löchrigen Schuhen und zerschlissener Weste trat vor den König.

„Was willst du mir schon über die Dreiheit erzählen?", fragte der König spöttisch.

Der Bursche war mutig und entgegnete dem König: „Meine Worte sind einfach, doch vielleicht ist es gerade diese Einfachheit, die der Drei entspricht."

Der König wurde neugierig. Aber was konnte dieser dahergelaufene Bauernsohn schon wissen?

„In der Drei ist alles enthalten", sagte der junge Mann.

Der König verstand nicht genau, was er damit meinte, doch traf ihn die Aussage wie ein Keulenschlag und er spürte, dass darin eine tiefere Wahrheit verborgen lag.

„Kannst du mir deine Worte etwas genauer erklären?", bat er deshalb nun schon etwas freundlicher.

So begann der Bursche mit seinen Ausführungen. Er sprach über Vergangenheit, Gegenwart und Zukunft. Drei und doch eins. Er fing an über Tod, Geburt und Leben zu reden. Drei und doch eins. Dann erwähnte er den zunehmenden Mond, den Vollmond und den abnehmenden Mond. Drei und doch eins. Immer mehr Beispiele fielen dem jungen Mann ein und immer mehr kam er dabei ins Schwärmen.

Dann begann der Bauernbursch von seiner ganz persönlichen Erfahrung mit der Dreieinigkeit zu erzählen:

„Ehrwürdiger König, die Dreiheit ist immer und überall. Wir sind ständig Teil der heiligen Dreieinigkeit. Gott schuf die Erde, Gott schuf den Himmel, und dann schuf er uns. Und wisst ihr warum? Damit wir uns an seiner Schöpfung erfreuen können. Was wäre die Schönheit der Erde und die Geistigkeit des Himmels ohne unsere Bewusstheit!? Wir Menschen sind der Schlüssel zur höchsten Dreieinigkeit. Wenn ich im Gras liege und die Erde unter mir spüre, weiß ich, woraus mein Körper gemacht ist, und gleichzeitig sehe ich den Himmel an und weiß, woher mein Geist und meine Seele kommen. Wir sind das Bindeglied zwischen Himmel und Erde, und wir dürfen die Qualitäten der Erde und des Himmels bewusst erleben. Wir sind Teil des großen Ganzen, wir sind Teil der Dreieinigkeit."

Der König war überrascht von den Worten des jungen Mannes. Er schwieg eine Weile und fing an zu murmeln: „In der Drei ist alles enthalten." Dann noch einmal etwas lauter: „In der Drei ist alles enthalten!" Und dann zum dritten Mal lauthals jubilierend: „In der Drei ist alles enthalten!!!"

Der König lachte schallend los! Warum war ihm das nicht selbst eingefallen!? Es war so einfach, so naheliegend. Dieser Bauernbursch war wirklich schlau, er hatte dem König in simplen Worten ein Geheimnis offenbart, das in Wirklichkeit gar keines war. Der König war glücklich.

Und noch jemand war glücklich - die Prinzessin. Nicht zufällig hatte es dieser einfache Mann geschafft, vor dem König sprechen zu dürfen. Eine heimliche Liebe verband die jungen Leute schon seit einiger Zeit. Niemals im Leben hätten sie es sich träumen lassen, in offizieller Verbindung gemeinsam leben zu dürfen. Der Wettbewerb hatte die Königstochter auf eine gute Idee gebracht. So lange sie sich erinnern konnte, hörte sie von ihrem Vater nichts anderes als Theorien über die Trinität. Irgendwann machte sie sich selbst Gedanken über diese Thematik. Und da kam das Königskind auf eine blendende Idee. Sie sprach mit ihrem Geliebten über ihre Sichtweise der Dreiheit und bat ihn, beim König mit ihren Worten vorzusprechen.

Natürlich wurde die List der beiden niemals verraten. Der König blieb in seinem Glauben, selbst den richtigen Kandidaten für seine Tochter ausgewählt zu haben. Und als nach rund neun Monaten ein Kindlein die wunderbare Dreieinigkeit fortsetzte, wurde im Schloss ein drei Tage dauerndes Fest gefeiert.

Eigentlich hatte sich der König die Frage nach der Dreieinigkeit selbst beantwortet. Er inspirierte seine Tochter durch seine eigenen Worte. Durch ihn war sie auf neue Ideen gekommen, die dem König schließlich zu einer Antwort verhalfen, die ihn glücklich und zufrieden machten.

Mondweisheiten

❦ Der Kopfschmuck des Königs ❧

Es war einmal … ein Königreich, in dem herrschte der seltsame Brauch, als Symbol der Macht und Stärke einen lebenden Vogel als Kopfschmuck zu tragen. Hier sah man allerlei gezähmte Vögel und je größer der Vogel war, desto mächtiger galt auch sein Träger.

Natürlich musste der König des Landes den größten Vogel haben. In diesem Fall handelte es sich um einen wunderschönen Pfau, der darauf dressiert war, sich mit seinen Vogelklauen auf dem königlichen Haupt festzukrallen.

So viel sei verraten: Es war nicht gerade ein angenehmes Gefühl, einen sieben Kilo schweren Vogel auf dem Kopf zu tragen, der einem dabei auch noch die Krallen in die Kopfhaut rammte. Der König litt unter sagenhaften Kopfschmerzen und sein Nacken war durch die schwere Last so verspannt, dass er seinen Kopf kaum mehr nach links und rechts drehen konnte. Und auch den Geruch, den die lebendige Kopfbedeckung mit sich brachte, musste man erst einmal aushalten können. Schließlich muss sich auch ein Vogel hin und wieder erleichtern.

Die Königin war sehr besorgt um den Gesundheitszustand des Königs. Wie lange könnte er den Vogel auf seinem Kopf noch tragen, bevor er unter der schweren Last eines Tages zusammenbrechen würde? Doch der König war unbelehrbar. Er stritt es sogar ab, dass die Kopfschmerzen und die Nackenbeschwerden von dem gefiederten Tier auf seinem Kopf stammten. Nein, niemals wäre sein Pfau an seinen körperlichen Beschwerden schuld! Er, der König, war doch stark genug für seinen großen Vogel, die Schmerzen mussten einen anderen Grund haben.

Die Frauen im Land hatten es besser. Denn bei den feinen Damen war es Brauch, ein Vogelnest auf dem Kopf festzustecken. Im Gegensatz zu den Vogelträgern war es den Nestträgerinnen ein Leichtes, mit ihrer Kopfbedeckung durchs Leben zu gehen.

Doch die Königin hielt von alledem nichts. Sie wollte den König unbedingt dazu bringen, den schweren Pfau vom Kopf zu nehmen und sich damit gesundheitlich wieder erholen zu können.

„Nein, Frau, die Kopfschmerzen kommen vom Wetterumschwung und nicht von meinem stolzen Kopfschmuck. Wie kannst du glauben, dass ich jemals ohne meinen gefiederten Freund das königliche Schlafgemach verlasse, ein König ohne großen Vogel, das geht einfach nicht!"

Er blieb stur und war fest davon überzeugt, dass seine schlimmen Schmerzen andere Ursachen haben mussten. Seinen Pfau trug er weiterhin mit Stolz zur Schau und jeder, der den König sah, war beeindruckt von so viel majestätischer Präsenz.

Eines Tages lud man im Schloss zu einer Konferenz. Es ging um die Fragen, wie man in Zukunft noch größere Vögel im Land züchten könnte und ob es vielleicht in anderen Ländern noch mächtigere Federtiere gäbe. Die Zusammenkunft war lustig anzusehen. Lauter Edelmänner tummelten sich hier mit ihren großen Vögeln auf dem Kopf. Adler, Geier, Kormorane und sogar Störche wurden als Kopfschmuck getragen. Als Regel galt: Jeder Vogel ist erlaubt, je größer desto besser, jedoch durften die Vögel nicht größer als jener des Königs sein.

Manche Herzöge und Barone verstanden sich nicht so gut miteinander, wie sie es gerne vorgaben. Sie schienen sich zwar freundlich zu grüßen, doch kaum wandten sie einander den Rücken zu, fingen die Vögel auf ihren Köpfen an, nach einander zu hacken. Das war dann immer etwas peinlich, wenn diese sich zankten und ihre Besitzer dazu nur unschuldig grinsten.

Als Verköstigung gab es bei solchen Veranstaltungen zwei Labestellen. Eine für die wohlgeborenen Herren und eine für die Vögel. Neben Schweinebraten und Rinderhälften standen so auch Maiskörner und Weizenschrot auf dem Speiseplan. Ein amüsantes Bild gaben sie ab, die „Vogelmenschen", und fast alle litten sie unter schweren Kopf- und Rückenschmerzen.

Während die hohen Herren darüber diskutierten, wie man welche Vögel noch größer machen könnte, hatten die Frauen am Hof ganz andere Pläne. Ihnen reichte die Jammerei ihrer Gemahlen, die wegen der dauernden Kopfschmerzen ständig schlechte Laune hatten. Wie konnten sie ihren Männern bloß ihren „Vogel" austreiben?

Die Tradition des Landes, Vögel als Statussymbol auf dem Kopf zu tragen, gab es schon so lange, dass sich niemand mehr daran erinnerte, wo dieser Brauch eigentlich hergekommen war.

„Wir müssen unseren Männern eine noch bessere Kopfbedeckung vorschlagen, eine, für die sie ihre Vögel gerne abnehmen! Aber welche!?", die Königin war ratlos. Auch ihre Hofdamen hatten keine besonders guten Ideen parat und so beschloss die gute Königin, sich einige Tage in den Schlossturm einzuschließen, um in Ruhe nachdenken zu können.

Am dritten Tag hörte man ein lautes „Juchuh!" aus dem Turmzimmer schallen. Der Königin war eine Idee gekommen. In den vergangenen drei Nächten hatte sie den Mond angeschaut und ihn um eine Eingebung gebeten, wie sie den verbohrten Männern im Königreich helfen könnte. Der Mond inspirierte die Königin zu einer bahnbrechenden Idee. Bei der nächsten Männerkonferenz bat sie ihren Gemahl, daran teilnehmen zu dürfen. Eine ungewöhnliche Bitte. Zur damaligen Zeit war es Frauen untersagt, bei Männersitzungen anwesend zu sein, aber der König machte für seine Frau eine Ausnahme.

Alle waren hocherstaunt, die Königin anzutreffen, und jetzt fing sie auch noch zu sprechen an! Es war gar nicht so einfach, ihre Worte zu verstehen, denn die vielen Vögel auf den Köpfen der Männer machten einen ohrenbetäubenden Lärm.

Doch waren die Worte der Königin sehr weise, und weise Worte werden zwar nicht immer verstanden, aber immerhin gehört.

So sprach sie zu den Mannen: „Hört mir zu, ihr Edelmänner. Ich war für drei Tage im Turm, um mich zu sammeln, und ich habe in dieser Zeit eine Erkenntnis für unser Land erlangt. Ich sah die Sonne und ich sah den Mond, beide Gestirne haben große Macht, viel mehr Macht als alle Menschen zusammen. Und habt ihr jemals ihre Form geschaut, die runde Form ähnelt doch sehr der eines menschlichen Kopfes. Ist es nicht ein Frevel diesen beiden Planeten gegenüber, wenn wir Menschen Vögel und Nester auf unseren Köpfen tragen, wo doch Sonne und Mond uns Tag und Nacht ihre Häupter unbedeckt zuneigen!?"

Ein äußerst aufgeregtes Männer-Gemurmel mischte sich nun unter die Vogellaute.

„Eigentlich hat sie recht", sagte ein alter Baron, dessen Kreuz unter der Last eines großen Steinadlers schon ganz krumm geworden war.

„Ja aber wir können doch nicht einfach die Vögel von unseren Köpfen nehmen, wie stellt ihr euch das vor?!", der König war entrüstet.

Die Königin mischte sich ein: „Wenn wir das alle gemeinsam tun, dann verliert keiner seine Macht. Wenn wir in Zukunft den Sonnenschein und den Mondglanz auf unseren Häuptern tragen, dann ist das eine große Geste zu Ehren der Gestirne."

Das leuchtete den Männern schließlich ein. Einige Tage später lud der König alle Edelleute des Landes zu einem großen Fest. Höhepunkt der Feierlichkeiten war es, dass alle gleichzeitig ihre Vögel und Nester von den Köpfen nahmen und sich vor Sonne und Mond verneigten.

Was für eine schöne neue Tradition! Die Königin freute sich, dass ihr Vorschlag verwirklicht wurde, und die Vögel waren froh, dass sie jetzt wieder in Freiheit leben durften. Manche von ihnen hatten sich schon so an ihre Besitzer gewöhnt, dass sie sie fortan als Haustiere begleiteten.

Auch die Frauen waren glücklich, ihre Nestern endlich abnehmen zu können.

Der Gesundheitszustand des Königs verbesserte sich Tag für Tag. Die Kopfschmerzen waren wie „weggeflogen" und eines schönen Tages hörte man ihn selbst sagen: „Wie gut, dass ich keinen Vogel mehr habe, meine Frau, die Königin, hat uns alle von einer schweren Last befreit, als Dank dafür werde ich ihr ein Denkmal erbauen!"

Und so ließ der König für seine Königin eine Statue gestalten, die sein Volk auf Ewigkeiten daran erinnern sollte, dass es besser ist, einen freien Kopf zu haben, als damit einen schweren Vogel herumzuschleppen.

Die steinerne Königinnen-Statue hielt symbolisch Sonne und Mond in ihren Händen, als Zeichen dafür, dass der Kopf des Menschen zum logischen Denken geschaffen wurde und nicht dafür, ihn mit großen Vögeln zu beschweren.

❋ Alles und nichts ❋

Es war einmal … ein sehr reicher Mann, der hatte Alles, wie es schien. Doch fehlte ihm etwas zum Glücklichsein, das man nicht kaufen konnte. Ihm fehlte das Vertrauen in die Menschen. Schon lange hatte er damit aufgehört, Freunde zu haben. Zu misstrauisch war er, dass es diese nur auf sein Geld abgesehen haben könnten.

Und da war ein zweiter Mann, der hatte, wie es schien, nichts. Er war ein Vagabund und zog von Dorf zu Dorf, um ein paar Almosen zu erbetteln und sich so durchs Leben zu schlagen. Doch der mittellose Mann hatte einen kleinen Hund, den er über alles liebte, dieser Hund war so possierlich, dass die Menschen, die ihn erblickten, seinen Besitzer um ihn beneideten. Schon oft wollte ihm jemand diesen Hund abkaufen, doch der Vagabund gab seinen geliebten Gefährten nicht her. Der Hund war sein Ein und Alles.

Wie das Leben so spielt, trafen sich der Reiche und der Habenichts eines Tages zufällig an einer Wegkreuzung. Als der betuchte Herr sah, wie viel Freude dieser Lumpenbold mit seinem kleinen Hund hatte, wurde er neidisch. Diesen Hund wollte er unbedingt haben. So bot er dem Armen eine stattliche Summe Geld für das Hündchen.

„Niemals trenne ich mich von meinem Hund!", lautete die Antwort. Als der Reiche jedoch die ohnehin schon sehr hohe Summe verdoppelte, begann der Vagabund zu überlegen. Mit dieser Stange Geld könnte er zwei Jahre lang gut leben und brauchte nicht mehr betteln gehen. Außerdem hatte er großen Hunger und schon seit drei Tagen nichts Ordentliches mehr gegessen. Der Hund hätte es sicher gut bei dem feinen Herrn. Schließlich war der stattliche Geldbetrag doch zu verlockend und er verkaufte seinen getreuen Freund an den betuchten Herrn.

Dieser verschwand mit dem Hund in der Hand. Doch noch ehe der Vagabund das viele Geld gezählt hatte, überfiel ihn das schlechte Gewissen. Was hatte er bloß getan? Das Geld war ihm plötzlich völlig egal, er war sich jetzt darüber klar geworden, dass er seinen besten Freund verkauft hatte. Schnell rannte er dem reichen Mann hinterher, um seinen Hund zurückzukaufen, aber dieser war schon über alle Berge.

Was sollte er jetzt nur tun? Der arme Mann war nun zwar reich, dafür aber voller Kummer und Schmerz. Wohin der hohe Herr wohl mit seinem Hund gegangen war? Wie konnte er das nur herausfinden? Das viele Geld würde ihm vielleicht dabei helfen. Im nächsten Wirtshaus befragte er alle Gäste, doch niemand konnte ihm einen Hinweis geben.

„Geh doch zu der alten Wahrsagerin!", riet ihm die Wirtin. „Heute ist Vollmond, da sagt sie besonders gut voraus!"

Im Hinterzimmer des Gasthofes bot eine Wahrsagerin ihre Dienste an. Die Leute stellten sich an, anscheinend war sie wirklich gut, dachte der verzweifelte Mann und schöpfte Hoffnung, seinen besten Freund bald wiederzufinden.

Nach einer langen Wartezeit kam er endlich an die Reihe. Die Wahrsagerin war schon sehr alt und trug ein buntes Kopftuch. Sie sagte die Zukunft nicht mithilfe einer Kristallkugel voraus, wie er das erwartet hätte, sondern auf eine ganz andere Art und Weise. Vor ihr stand ein großer verrußter Bottich auf dem Boden. Das vom Ruß geschwärzte Gefäß war mit klarem Wasser gefüllt und auf seinem Grund lag eine blank polierte Silbermünze. Das Bild, das sich hier bot, erinnerte an einen schwarzen Nachthimmel bei Vollmond. Die Silbermünze glänzte und blitzte so magisch hell, dass es eine Freude war sie anzusehen. Wie gebannt starrte der Mann in den Bottich.

„Was ist dein Begehr?", fragte die Wahrsagerin.

„Ich möchte meinen Hund zurückhaben, ich habe ihn dummerweise für viel Geld verkauft, weiß aber jetzt, dass ich das nie hätte tun dürfen! Kannst du mir bitte sagen, wo ich meinen Hund finden kann und wie ich ihn wieder zurückbekomme?"

Die Wahrsagerin holte die Silbermünze aus dem Bottich und nahm sie in ihre rechte Hand. Nun drehte sie dem Mann den Rücken zu und warf das Geldstück über ihre linke Schulter direkt in den schwarzen Bottich. Sie war darin sichtlich geübt, und traf natürlich gleich beim ersten Mal.

Dann setzte sie sich wieder und starrte eine lange Zeit auf die blinkende Silbermünze am Grund des Wassers.

Endlich hob sie den Kopf und sprach zu dem Mann: „Du hast einen großen Fehler begangen und möchtest ihn wieder gutmachen. Du hast das Wertvollste, das du je im Leben besessen hast, für Geld verkauft. Du hattest alles und hast es für nichts weggegeben. Doch da du ein gutes Herz hast und dich nur einen Moment vom Geld hast verführen lassen, sollst du noch einmal eine Chance bekommen, deinen Hund zurückzugewinnen. Geh noch heute Nacht zum Herrenhaus des Edelmannes und klopfe ganz leise an die Tür. Sage dann drei Mal in Gedanken: ‚Lass mich ein, mein Hund ist dein, das ist gemein!'"

„Ja, und dann?"

„Wenn du diesen Spruch in Gedanken aufgesagt hast, dann öffnet sich die Tür des Hauses wie von selbst. Such deinen Hund und wenn er zu dir zurückkommen will, dann gehört er wieder dir! Wenn er aber bei seinem neuen Herrn bleiben möchte, dann musst du das akzeptieren! Dein Hund muss freiwillig mit dir gehen!"

Das Herrenhaus war schnell gefunden, denn die Wahrsagerin beauftragte ihre Katze damit, dem Mann den Weg zu weisen. Eine Katze, die hilft, einen Hund zu finden, das kam wohl auch eher selten vor. Doch es handelte sich um eine Zauberkatze, die im Dienste der Wahrsagerin stand.

Bald stand der Mann vor der Eingangstür des mächtigen Herrenhauses, klopfte ganz sacht an die Tür und sagte in Gedanken den Spruch auf, den ihm die Wahrsagerin mit auf den Weg gegeben hatte. Und wirklich, nach dem dritten Mal öffnete sich wie von Zauberhand die Eingangstür und der Mann konnte in das Haus eintreten.

Sofort rief er nach seinem Hund: „Holodri, Holodri, wo bist du, mein Freund? Wo hast du dich versteckt?"

Doch Holodri ließ sich nicht blicken. Der Mann war verzweifelt, vielleicht wollte der Hund wirklich nicht mehr zurück zu ihm? Traurig hätte er das Haus schon beinahe wieder verlassen, als er ein leises Winseln hörte. Es kam aus dem Keller. Der Mann folgte dem Laut und öffnete eine schwere Holztür, die direkt in den Erdkeller führte. Und da freuten sich jetzt Hund und Herrl über alle Maßen: Sie waren beide sehr, sehr glücklich über das Wiedersehen und es war natürlich sofort klar, dass Holodri zu seinem „alten" Herrchen zurückkehren wollte.

Doch das laute Treiben im Keller blieb nicht unbemerkt. Die Hausdiener wurden durch den Lärm geweckt und ertappten den Mann auf frischer Tat.

Auch der Herr des Hauses war durch den Tumult aufgewacht und musste erstaunt feststellen, dass der vermeintliche Einbrecher genau jener Mann war, von dem er heute Morgen das kleine Hündchen gekauft hatte.

„Edler Herr", sprach der Eindringling, „habt Erbarmen mit mir! Mir fehlt mein Hund so sehr und ich möchte ihn wieder zurückkaufen, wenn Ihr das erlaubt!"

Der Hausherr fing schallend an zu lachen und hielt sich dabei seinen dicken Bauch. „Das gibt es nicht, da hast du einmal im Leben Geld und gibst es zurück für diesen Flohpinkel, der die ganze Zeit nur heult und bellt? Du kannst deinen Hund gern wieder haben, und ich nehme mein Geld mit Freuden zurück!"

Mit diesen Worten fand abermals ein Austausch zwischen den beiden Männern statt. Hund gegen Geld. Zum Glück zählte der reiche Mann nicht nach, denn ein bisschen etwas fehlte schon von dem Betrag, immerhin musste die Wahrsagerin für ihre Dienste bezahlt werden.

Schnell machte sich der Mann mit seinem Hund aus dem Staub. Überglücklich schloss er seinen Holodri in die Arme und versprach, ihn nie wieder herzugeben.

Der reiche Mann dachte noch lange nach über diesen seltsamen Kerl, der seinen Hund zurückkaufte. Und über sich selbst, dass er alles hatte und ihm doch immer noch etwas fehlte zum Glücklichsein. Dieser Hund, der seinem echten Herrn so viel Zuneigung schenkte, wollte sich von ihm nicht einmal streicheln lassen. Ein sonderbares Tier. Hatte es vielleicht etwas damit zu tun, dass man Freundschaft nicht kaufen kann? „Ach was", dachte er, „alles kann man kaufen", und so ging er tags darauf ins Dorf und kaufte sich im Wirtshaus ein Bier. Gedankenverloren sah er in sein Glas, als ihn die Wirtin ansprach: „Was sucht Ihr denn in Eurem Bierglas edler Herr? Ist euch etwas hineingefallen?"

Der Mann antwortete geistesabwesend: „Jawohl, ich bin auf der Suche, aber eigentlich weiß ich nicht, wonach ich suche."

Die Wirtin wusste Rat. Auch den betuchten Herrn schickte sie zur Wahrsagerin. Er stellte seine Frage und das Ritual mit der Silbermünze und dem Rußbottich sollte wieder die Antwort bringen. Die Alte begann zu sprechen: „Du hast alles und du hast nichts. Du bist reich an Gütern und arm an Gefühlen, du hast keine Freunde und fühlst dich einsam. Vor lauter Angst, dass dir jemand etwas nehmen könnte oder dich ausnutzt, verzichtest du auf deine alten Freunde, du vertraust ihnen nicht, dabei haben sie dich nie enttäuscht. Du hast deine Freunde für dein vieles Geld verkauft. Du glaubtest, dass sie dir nichts bedeuten. Doch sehnst du dich im Herzen nach Freundschaft und Zuneigung, sonst hättest du auch den Hund nicht gekauft. Geh nach Hause und lade deine Freunde zu einem Festessen ein. Diejenigen, die dich wirklich schätzen, werden zu dir zurückkommen. Und wenn du dich ein wenig bemühst, dann begleiten dich diese Menschen ein Leben lang!"

Das Ganze war dem Mann jetzt schon sehr unangenehm, doch die Wahrsagerin hatte recht. Wenige Tage später lud er seine alten Freunde zu sich ein und einige von ihnen kamen wirklich. Es wurde ein schönes Wiedersehen.

Insgesamt war es gut gewesen, dass der Vagabund in einem schwachen Moment seinen geliebten Hund verkauft hatte, denn durch diese Tat wurden gleich zwei Männern die Augen geöffnet.

❈ Der Gast ist König ❈

Es war einmal … ein König, der war schon sehr, sehr alt. Doch erfreute er sich noch immer sehr an seinem königlichen Leben und liebte es, rauschende Feste zu feiern. Der „König der Lebensfreude", so wurde er genannt. Immer gut gelaunt und guter Dinge. Doch war er ein gerechter Mann und konnte auch streng sein, wenn es sein musste. Er war ein König wie aus dem Bilderbuch. Sein Hofstaat verehrte ihn und seine Untergebenen liebten ihn.

Doch gab es da schon etwas, was nicht so ganz zu einem König passte. Er hatte nämlich keine Nachkommen und so herrschte große Unsicherheit im Land, wie es denn weitergehen sollte, wenn der König einmal nicht mehr war. Auch dem König selbst war die Angst seines Volkes nicht verborgen geblieben und so überlegte er, wie er am besten einen würdigen Nachfolger für sein Reich finden konnte.

Der König lud alle seine Weisen und Schriftgelehrten am Hof dazu ein, gemeinsam einen Weg zu finden, wie sein Nachfolger am besten bestimmt werden sollte. Den gescheiten Herren rauchten die Köpfe und sie kamen bei ihren Überlegungen auf die hirnrissigsten Ideen.

„Vielleicht sollte Euer Nachfolger dieselbe Schuhgröße haben wie Ihr, damit er in Eure Fußstapfen treten kann?"

Eine noch verrücktere Idee: Es sollte ein Apfelwerfen veranstaltet werden, wer den Apfel „nicht weit vom Stamm" werfen könnte, der sollte der nächste König werden.

Zum Glück war der König selbst sehr klug und brach nur in schallendes Gelächter aus, als ihm diese unsinnigen Vorschläge zu Ohren kamen. Doch dann hatte endlich sein Hofnarr eine gute Idee: „Mein König, ihr liebt doch den Mond so sehr und ihr habt einmal zu mir gesagt, wenn ein Mensch den Mond anschaut, dann spricht er die Wahrheit." Der König freute sich über diesen hilfreichen Einfall, der noch dazu von ihm selbst stammte.

So geschah es, dass er zu einem großen Fest lud. Alle Edelmänner des Landes waren seine Gäste und unter ihnen sollte der Nachfolger für das Königreich gesucht werden. Besonders wichtig war es dem König, dass das Fest an einem Vollmondtag stattfand, denn so konnte er sein geplantes

Mondritual am besten in die Tat umsetzen.

Die Vorbereitungen liefen auf Hochtouren und als der nächste Vollmond nahte, war es so weit. Die Gäste strömten scharenweise ins Schloss, so eine Einladung wollte sich natürlich niemand entgehen lassen.

Der königliche Hofmaler hatte den Auftrag, alle männlichen Gäste, die jung genug aussahen, dass sie noch König werden konnten, zu porträtieren und ihre Namen festzuhalten. Da hatte er wahrlich alle Hände voll zu tun, und so wurde er an diesem Abend – ohne es zu wissen – zum ersten Schnellzeichner der Welt.

Der König hatte sich in seinem Gartenpavillon einen guten Platz ausgesucht, von hier aus konnte man den Vollmond am besten sehen.

Die Weisen und Schriftgelehrten bekamen den Auftrag, dem König immer wieder neue Kandidaten vorzustellen, mit denen er dann scheinbar Belangloses besprechen sollte. Doch in Wahrheit war jedes Gespräch eine Art Interview und der Mond sollte dabei helfen, dass die jungen Herren auch die Wahrheit sprachen.

Der erste Kandidat war an der Reihe und der König begann mit seiner Befragung.

„Komm, wir spielen ein Spiel. Ich stelle dir eine Frage und du beantwortest sie, während du gleichzeitig direkt in das Mondlicht blickst", sagte der König, der für seine ungewöhnlichen Ideen bekannt war. „Sag, was würdest du tun, wenn du ein König wärst und dein Volk Hunger leidet?"

„Ich würde ihnen sagen, dass sie härter arbeiten sollen, dann würden sie auch mehr zu essen haben", lautete die Antwort, die dem König gar nicht gefiel.

Er bedankte sich höflich für das Gespräch und zwinkerte seinem Hofnarren zu. Dieser schaffte den Mann vom König fort, sodass der nächste Gesprächspartner an die Reihe kommen konnte.

Wieder dasselbe Spiel, wieder dieselbe Frage. Doch diesmal fiel die Antwort schon etwas besser aus: „Ich würde sie fragen, was ihnen fehlt, und ihnen dann zu essen geben."

„Doch was wäre, wenn du selbst als König nichts mehr zu essen hättest? Was würdest du dann tun?"

„Ich würde mit meinen Mannen in den Krieg ziehen, um andere Königreiche auszuplündern!"

Falsche Antwort. Der Kandidat war aus dem Rennen. Der König führte so viele Gespräche, dass ihm fast die Spucke wegblieb. Bisher war noch kein wirklich würdiger Anwärter dabei gewesen. Doch er gab nicht auf. Noch immer war er fröhlich und motiviert, den besten Gast dieses Festes als seinen Nachfolger auszuwählen, und so sprach er unermüdlich weiter mit den jungen Männern ... und mit einer jungen Frau!

Mit einer Frau? Was war geschehen? Die königlichen Berater hatten einen kurzen Moment keinen passenden männlichen Kandidaten parat, als sich zum König eine junge hübsche Dame in den Gartenpavillon gesellte. Sie war ziemlich mutig, wie es schien, denn zur damaligen Zeit war es nicht gerade üblich, dass man als weibliches Wesen ungefragt ein Gespräch mit einem Mann anfing … und noch dazu mit einem König!

Da unser König Frauen gegenüber sehr aufgeschlossen war, gefiel es ihm sogar ausgesprochen gut, dass diese hübsche junge Person sich so ungefragt zu ihm gesellte. Die Schriftgelehrten schüttelten die Köpfe und der Hofnarr lachte sich ins Fäustchen. Diese charmante Abwechslung hatte sich der König wirklich verdient, der seine Gespräche seit Stunden nur mit männlichen Festgästen führen musste.

Und weil er ein außergewöhnlicher König war, so stellte er seine Frage nun auch der jungen Dame, die sich höflich als Gräfin Diethilde vorgestellt hatte.

Die Gräfin antwortete: „Wenn ich Königin wäre und meine Untertanen Hunger leiden, dann würde ich zu ihnen gehen und sie fragen, warum das so ist."

Diese Antwort beeindruckte den König nicht besonders, doch sein Spieltrieb ließ ihn weiterfragen: „Ja, und was würdest du dann tun, wenn du es wüsstest?"

Die Gräfin dachte nach und während sie den Vollmond anblickte, sagte sie mit fester Stimme: „Ich würde dafür sorgen, dass sie nie wieder Hunger leiden müssten, indem ich ihnen die Hälfte ihres Landes schenken würde!"

„Waaaaaaaas?!", frage der König beinahe entrüstet, was war denn das für eine Antwort?

„Die Hälfte des Landes schenken?"

„Ja, weil wenn den Bauern ein Teil von dem Land, das sie bewirtschaften, selbst gehört und sie nicht alles abliefern müssten, dann würden sie sich wohl auch viel mehr anstrengen und dafür sorgen, dass der Ertrag noch viel höher ausfällt."

Diese Sichtweise war dem König neu. Als er mit der Gräfin über ihren ungewöhnlichen Lösungsansatz diskutieren wollte, war diese jedoch bereits verschwunden. So dachte der König nicht weiter nach über die Aussage dieses frechen Frauenzimmers und widmete sich wieder seinen männlichen Gästen.

Das Frage-und-Antwort-Spiel ermüdete ihn sehr. Er hatte alle Gesichter und Antworten in seinem königlichen Kopf abgespeichert und zog sich zurück in sein Schlafgemach. Auch dem Palastmaler ging schön langsam die Farbe aus und er war froh, dass sich das Fest dem Ende zuneigte.

Am nächsten Tag besprach sich der König mit seinem Weisenrat. Die Antworten der männlichen Gäste waren bescheiden ausgefallen und so wusste er wieder nicht, wer sein Nachfolger sein sollte. Der König ließ sich vom Palastmaler die Bilder der Gäste noch einmal vorführen, damit er die Gespräche mit den dazugehörigen Köpfen Revue passieren lassen konnte. Aber halt, was war das, schon wieder diese Frau? Ein wunderschönes Damenportrait hatte sich unter die Männerköpfe gemischt. Der Palastmaler wurde rot, er hatte es einfach nicht lassen können, diese schöne Frau zu malen, er musste es einfach tun. Irgendwie hatte er wohl vergessen, das bildschöne Frauenporträt zur Seite zu schaffen. Doch der König war schon wieder amüsiert.

„Das war doch die freche Gräfin, die sich zu mir in den Pavillon gesellte!", entfuhr es ihm. Jetzt fielen ihm auch ihre Worte wieder ein und wie er fand, hatte sie die beste Antwort von allen gegeben. Ungewöhnlich zwar, aber klug und gerecht. Die Entscheidung des Königs stand fest, die junge Gräfin sollte Königin werden!

Doch jetzt war guter Rat teuer, denn der Palastmaler hatte die Gräfin natürlich heimlich gemalt, und deswegen auch nicht nach ihrem Namen gefragt. Der König merkte sich zwar Gesichter und Reden sehr gut, aber leider keine Namen. So wurde schnell ein Reiter ausgesandt, der das Bild der schönen Gräfin bei sich trug.

Gräfin Diethilde war schnell gefunden. So eine schöne Frau war selten im Land und jeder Mann, der sie einmal im Leben gesehen hatte, konnte sich an ihr hübsches Gesicht erinnern.

Die Gräfin staunte nicht schlecht, als sie eine Einladung ins königliche Schloss bekam. Und schon wieder wurde ihr vom König eine Frage gestellt, die sie mit einem eindeutigen „Ja" beantwortete. Die Nachfolge des Königs stand fest, und damit die Gräfin Einblick in seine Geschäfte bekam, durfte sie ab sofort im Schloss wohnen.

In den Nachbarkönigreichen ging ein Gerücht um, dass der alte König verrückt geworden war. Eine Frau als Nachfolgerin zu bestellen war nun wirklich nicht normal. Doch das war dem König egal. Die verbleibende Zeit seines Lebens verbrachte er mit dem besten Gefühl, das ein König haben konnte, nämlich sein Reich in guten Händen zu wissen.

Und als der Tag gekommen war, da der König von seinem Leben Abschied nehmen musste, da bat er Gräfin Diethilde noch einmal zu seiner Bettstatt. Er gab ihr ein Geheimnis mit auf den Weg: „Wenn du in deinem Leben eine ehrliche Aussage von einem Menschen bekommen möchtest, dann lass ihn sprechen und dabei ins Licht des Vollmondes blicken, so wird er die Wahrheit sagen." Mit diesen letzten Worten entschlief der König sanft. Mit seinem Rat hatte der König seiner Nachfolgerin einen guten Dienst erwiesen. Denn obwohl die neue Königin sehr wohl dazu imstande gewesen wäre, war es ihr nicht erlaubt, das Land alleine zu regieren. Sie musste so schnell wie möglich einen würdigen Königsgemahl finden, mit dem sie dann gemeinsam die Regentschaft des Landes antreten konnte.

Wie die Königin ihren königlichen Gemahl schließlich gefunden hat, das ist eine andere Geschichte …

❦ Der Gast ist König, Teil 2 ❦

Es war einmal … die junge Gräfin Diethilde, die wurde dank ihres Mutes und ihrer Klugheit zur Nachfolgerin eines sehr weisen Königs berufen. Doch wie es so spielt im Leben, musste die Gräfin heiraten, damit sie als Königin anerkannt wurde im Land und regieren durfte. Das passte der unabhängigen Frau gar nicht. Sie fand es sehr ungerecht, dass der König vor ihr sehr wohl unverheiratet das Land hatte regieren dürfen, sie als Frau jedoch nicht.

Doch an den Gesetzen im Land war (noch) nicht zu rütteln, und leider hatte der alte König in seinen letzten Tagen nicht mehr daran gedacht, diese alten Vorschriften zu ändern …

„Also gut", dachte die Gräfin, „wenn ich schon heiraten muss, damit ich gekrönt werde und regieren darf, dann werde ich es so machen, wie es mir der König am Sterbebett geflüstert hat: Ich werde meinem zukünftigen Mann im Mondlicht Fragen stellen, damit er auch wirklich die Wahrheit spricht."

Der Hofnarr des verstorbenen Königs freute sich sehr über seine neue Herrin, er half ihr, wo es nur ging, und gab ihr gute Ratschläge, wenn die übrige „Mannschaft" des Hofes wieder einmal ganz und gar nicht wahrhaben wollte, dass nun eine Frau im Schloss das Sagen hatte. Und nicht nur im Schloss, sondern auch im ganzen Land sollte Königin Diethilde bald regieren, aber natürlich erst dann, wenn sie geheiratet hatte.

So saß sie eines schönen Nachmittags mit dem Hofnarren im Gartenpavillon und beratschlagte mit ihm, wie sie denn so schnell wie möglich den besten Mann des Landes finden könnte. Vielleicht mithilfe eines Festes, so wie damals, als der König einen Nachfolger suchte? Warum nicht, und natürlich wieder bei Vollmond, damit Diethilde auch das Fragespiel des Königs anwenden konnte!

Gesagt, getan! Die Einladung für das Schlossfest wurde an alle heiratsfähigen Männer im Land ausgesprochen. Die Gräfin wollte keinen Unterschied machen, und konnte sich auch vorstellen, dass ein Bauernsohn, wenn er klug und geschickt war, einen guten König abgeben würde.

Sie eröffnete so das Schlossfest und war gar nicht glücklich mit dem Gedanken, dass sie bald heiraten sollte. Wie einst der König, so stand jetzt Diethilde im Gartenpavillon und wartete auf ihren ersten Gesprächspartner. Als der Mond aufgegangen war, konnte es losgehen.

Baron von der Metterschnecke fand als Erster in den Pavillon, er machte anfangs keinen schlechten Eindruck, doch als er den ersten Satz sprach, da wusste die Gräfin, warum dieser Herr den Namen „Metterschnecke" trug. Er sprach so langsam, dass Gräfin Diethilde beinahe bei seiner Rede eingeschlafen wäre, aber jetzt war sie dran, Fragen zu stellen, und sie wollte jedem Kandidaten eine faire Chance geben.

„Was ist dir lieber, eine kluge oder eine schöne Frau?"

Langsam, ganz langsam begann Graf Metterschnecke über diese Frage nachzudenken. Als er nach einer gefühlten Ewigkeit endlich antwortete, war Diethilde schon fast eingeschlafen. Natürlich sah er dabei ganz nach Vorschrift ins Mondlicht, und so geschah es, dass er auch wirklich die Wahrheit sagte: „Natürlich eine schöne, denn klug bin ich selber nicht, was habe ich von einer klugen Frau, die gescheiter ist, als ich jemals daherreden kann?"

Dieser Fall war erledigt. Der Nächste bitte. Schon wieder so ein komischer Kauz, dachte Diethilde, aber wie gesagt, sie wollte jedem Mann, der zu ihr in den Pavillon kam, eine Chance geben.

Prinz Morgenthor stellte sich vor und verbeugte sich höflich vor der Gräfin, ein angedeuteter Handkuss ließ auf eine feine Herkunft schließen. Diethilde stellte ihre Frage und der Prinz antwortete: „Das ist mir vollkommen egal, Hauptsache, sie lässt mich jeden Tag ausschlafen und weiterhin mein ausschweifendes Prinzenleben führen, das ist mir am wichtigsten!" Auch dieser Mann hatte die ernüchternde Wahrheit gesprochen.

„Wie gut, dass mir der König noch dieses Mondritual verraten hat", dachte Diethilde. Wie sollte sie sonst sichergehen, ob der künftige Gemahl jemals die Wahrheit spräche? Um König zu werden, würde wohl jeder alles tun und das Blaue vom Himmel versprechen, „aber nicht mit mir", dachte die schlaue Diethilde und machte weiter mit ihren Männer-Gesprächen im Lichte des Vollmonds.

Viele Männer wurden der schönen Gräfin an diesem Abend vorgestellt, aber keiner wollte ihr so richtig gefallen, keiner von den Kandidaten hatte etwas Gescheites zu sagen, keiner legte Wert auf eine kluge Frau und die wenigsten wollten überhaupt heiraten, sondern nur als König herrschen.

Die Gräfin klagte dem Hofnarren ihr Leid. Die Füße taten ihr weh von den hohen Absätzen der schönen Schuhe und sie wollte schon beinahe vorzeitig das eigene Fest verlassen ... als ER plötzlich vor ihr stand. Ein braun gebrannter junger Mann, mit einem Lächeln, das selbst den Mond verwirrt hätte.

„Wer bist du?" fragte die Gräfin und vergaß einen Moment lang ihre strenge Frage-Technik. „Ich bin der Sohn des Schlossgärtners und da Eure Einladung für alle Männer im heiratsfähigen Alter im Land galt, erlaubte auch ich mir, zu Eurem Feste zu kommen und Euch meine Aufwartung zu machen."

Die Gräfin konzentrierte sich und stellte dem schönen jungen Mann ihre Frage, ihre Stimme war dabei etwas unsicher und ihre Ohren wurden feuerrot. Die selbstbewusste Diethilde hatte es scheinbar erwischt, sie hatte sich auf den ersten Blick bis über beide Ohren verliebt.

„Bitte, sieh den Mond an, wenn du antwortest", bekam sie gerade noch heraus.

Der Sohn des Schlossgärtners antwortete: „Natürlich ist mir eine kluge Frau lieber, denn wie bei einer schönen Blume ist es auch bei einer Frau, die Blüte, also die Schönheit, die vergeht irgendwann, viel wichtiger ist die Klugheit, denn die bleibt ein Leben lang, so wie die Wurzel einer Blume. Natürlich würde es mich absolut nicht stören, wenn eine kluge Frau auch noch schön ist, aber die Klugheit ist mir wichtiger! Und nicht zu vergessen, ein gutes Herz sollte sie auch noch haben, denn was nutzt alle Klugheit, wenn das Herz hart ist und das viele Wissen nicht warmherzig eingesetzt wird!"

Diethilde schmolz dahin. Ihre Entscheidung stand fest, dieser Mann sollte sie zur Königin machen, diesen Mann wollte sie heiraten.

Auch der Hofnarr war zufrieden, immerhin hatte er diesen Plan selbst ausgeheckt. Schon bald hatte er erkannt, welch Schöngeist der Sohn des Schlossgärtners war, und so hatte er ihn wie einen kleinen Prinzen unterrichtet.

Kurz darauf wurde Hochzeit gefeiert und die Gräfin hochoffiziell zur Königin des Landes gekrönt. Ihren Königsgemahl ließ sie gerne mitregieren und so arbeiteten sie mit vereinten Kräften am Wohl des Königreichs. Königin Diethilde setzte ihre Idee in die Tat um und schenkte den Bauern die Hälfte des Ackerlandes, das sie bestellten. So wurden das Königreich und seine Landsleute noch reicher und glücklicher.

Und wenn sie nicht gestorben sind, dann regieren sie noch heute gemeinsam das Land, in dem es überall wunderschöne Parks und Gärten gibt, seit der Königinnengemahl ein Wörtchen mitzureden hat. Und wenn es einmal Streit gibt und es einer ehrlichen Aussprache bedarf, dann gehen König und Königin noch heute bei Vollmond in den Gartenpavillon und sagen einander die Wahrheit, indem sie dabei aufrichtig den Mond anblicken.

❖ Der Mondschatz ❖

Es war einmal … in einer besonders hellen Mondnacht. Da machten sich drei Brüder auf die Suche nach dem Mondschatz. Denn es hieß, dass dieser Schatz nur bei Vollmond zu finden sei.

Der Jüngere der drei wollte eigentlich gar nicht auf Schatzsuche gehen. Er glaubte nicht an diesen geheimnisvollen Schatz und er hätte dieser Nachtwanderung den Schlaf im eigenen Bett wohl vorgezogen. Aber er musste mitkommen, seine älteren Brüder bestanden darauf.

Die drei waren schon eine ganze Weile unterwegs, als der Jüngere zu fragen begann: „Wisst ihr denn überhaupt, wo sich dieser Mondschatz befindet?"

„Nein", antwortete der Älteste, „aber das ist es ja gerade, denn wer den Mondschatz finden will, der darf ihn nicht an einem bestimmten Ort suchen, so hat es mir der alte Hausknecht erzählt, kurz vor seinem Tod."

„Was? Und jetzt laufen wir ziellos durch den Wald und hoffen, dass wir zufällig über diesen Schatz stolpern?"

Der Jüngere war nicht gerade begeistert von diesem Plan. Doch hatte er versprochen, bei der Schatzsuche zu helfen.

So wanderten die drei Brüder weiter durch die Nacht und hofften, dabei den Mondschatz zu finden. Sie waren sehr schweigsam, nur der Jüngere beschwerte sich immer wieder über die Sinnlosigkeit des nächtlichen Unterfangens.

Nach ein paar Stunden Fußmarsch waren sich auch die beiden älteren Brüder nicht mehr ganz sicher, ob der Mondschatz noch in dieser Vollmondnacht gefunden werden konnte. Sie waren müde geworden vom vielen Gehen und endlich bereit, eine Rast zu machen. Kaum hatten sich die drei am Stamm einer mächtigen Eiche niedergelassen, waren sie auch schon eingeschlafen.

Alle drei träumten sie jetzt von ihrem ganz persönlichen Mondschatz und als sie wieder erwachten, war es bereits taghell. Die älteren Brüder waren enttäuscht, dass sie die ganze Vollmondnacht verschlafen hatten und die Zeit nicht mehr dafür nutzen konnten, auf Schatzsuche zu gehen.

Der jüngere Bruder aber war guter Dinge, denn er erinnerte sich noch haargenau an seinen wunderbaren Traum. Er hatte davon geträumt, Müller zu sein. Das war immer schon sein Herzenswunsch gewesen. Im Traum heiratete er eine schöne Müllerstochter und gemeinsam führten sie ein zufriedenes Leben.

Jetzt fielen auch den beiden anderen Brüdern ihre Träume wieder ein, einer hatte geträumt, das schnellste Pferd der Welt zu besitzen, und der zweite, ein Leben lang jeden Tag Schnitzel essen zu können. Und so trug es sich zu, dass alle drei Brüder in jener Nacht von ihren innigsten Herzenswünschen geträumt hatten.

Der jüngere Bruder lernte bald darauf eine traumhaft schöne Müllerstochter kennen und lieben. Das Lieblingspferd des Ältesten war plötzlich flink wie der Blitz und kein einziges Ross auf der Welt konnte schneller laufen. Der zweitälteste Bruder erkannte bei seinem nächsten Wirtshausbesuch, dass ihm die Wirtstochter schöne Augen machte. Schon bald darauf heiratete er sie und konnte fortan so viele Schnitzel essen, wie er nur wollte.

Alle drei Brüder waren hoch zufrieden mit ihren „Mondschätzen". Und wenn sie einem guten Freund einen Gefallen tun wollten, dann erzählten sie ihm die Geschichte von ihrer Suche. Doch kaum einer wollte ihnen ihre Erlebnisse glauben, und so behielten sie ihr geheimes Wissen fortan bei sich.

❖ Die verwunschene Prinzessin ❖

Es war einmal … eine Prinzessin, die wollte keine sein. Zeit ihres Lebens benahm sie sich überhaupt nicht wie eine Prinzessin. Sie mochte keine feinen Kleider und hasste die goldgelben Locken, die ihr so wunderschön zu Gesicht standen. Am liebsten hätte das schöne Königskind kurze Haare getragen und wäre am Nachmittag statt zum Tanzunterricht viel lieber in den Wald gegangen, um dort herumzujagen und Unsinn zu treiben. Schon als kleines Mädchen benahm sich die Prinzessin sehr sonderbar. Als wäre sie ein Junge, trug sie am liebsten Beinkleider und setzte sich gerne pfiffige Mützen aufs königliche Haupt.

Der ganze Hofstaat war verzweifelt, allen voran natürlich die Königin Mutter und der König selbst. Was sollten sie nur mit ihrem Kind anfangen, das sich so ganz und gar nicht prinzessinnenhaft benahm? Bald kam das königliche Töchterlein ins heiratsfähige Alter und da begannen die Probleme nun wirklich ernst zu werden.

Die Prinzessin spuckte den ersten Heiratskandidaten mitten ins Gesicht und wurde unter wildem Protestgeschrei auf Geheiß des Königs von der königlichen Wache weggetragen. Der König war so wütend auf seine Tochter, dass er sie in den Turm sperren ließ. Dort sollte sie so lange bleiben, bis sie wieder zur Besinnung gekommen war und sich dazu bereit erklärte, in eine Heirat einzuwilligen. Der König hoffte, dass vielleicht diese harte Maßnahme die Prinzessin zur Vernunft bringen würde, denn er war mit seinem Latein vollkommen am Ende.

Da saß sie nun, die Prinzessin, eingesperrt im Turm. Sie war wütend auf Gott und die Welt und natürlich auch auf sich selbst. Sie verstand nicht, was mit ihr los war und warum sich alles in ihr so gegen das Heiraten sträubte.

Als es Nacht wurde, blickte sie traurig aus dem kleinen vergitterten Turmfenster und begann, mit dem Mond zu sprechen.

„Lieber Mond, was soll ich bloß tun, ich will nicht heiraten und mein Vater ist deswegen wütend auf mich! Das will ich auch nicht! Was soll bloß aus mir werden? Wenn ich nicht heirate, dann muss ich wohl für immer und ewig hier in diesem Turmzimmer bleiben!"

Die Prinzessin weinte bittere Tränen und war am Rand der Verzweiflung. Sie liebte ihren Vater und verstand nicht, wie er so hartherzig zu ihr sein konnte.

Der Mond antwortete nicht auf die Frage der Prinzessin, aber wie es sein sollte, schickte der gefühlsbetonte Himmelskörper eine seiner Mondelfen auf die Erde. Die Prinzessin erschrak, als plötzlich ein leuchtendes Etwas ins Turmzimmer geflogen kam. Ein Glühwürmchen?

„Nein, ich bin kein Glühwürmchen, ich bin eine Mondelfe, der Mond hat mich geschickt, um dir zu helfen! Dein Herz ist so schwer vor Kummer und Gram, dass es Gefahr läuft auseinanderzubrechen und das möchten wir verhindern, denn du bist noch jung und hast dein ganzes Leben noch vor dir!"

Die Prinzessin war ziemlich erstaunt und freute sich gleichzeitig, denn sie hatte immer schon an Elfen und Feen geglaubt, und als sie jetzt dieses kleine Wesen vor ihr herumflattern sah, war sie in ihrem Glauben bestätigt.

„Liebe Mondelfe, was soll ich bloß tun, ich weiß nicht mehr ein noch aus? Ich bin so traurig, dass ich gar nicht mehr leben mag!"

„Deswegen bin ich ja hier, liebe Prinzessin, um dir zu helfen und die Dinge in deinem Leben neu zu ordnen. Schau in den Spiegel, hübsches Kind, deine Schönheit ist nicht zu verleugnen, du bist eine schöne junge Frau und willst das nicht wahrhaben! Das hat einen Grund, alles hat seinen Grund im Leben. Doch ich darf dir diesen nicht verraten, den musst du schon selber herausfinden!"

Die Prinzessin sah enttäuscht drein, wie oft hatte sie sich schon selbst den Kopf darüber zerbrochen, warum sie nicht schön sein wollte, warum sie nicht heiraten wollte und warum sie Kleider hasste."

„Wie soll ich denn diesem Rätsel auf den Grund gehen?"

Die Mondelfe antwortete: „Begib dich beim nächsten Vollmond zum Schlossteich und schau den Mond an, nicht am Himmel, sondern in der Spiegelung im Teich. Du wirst sehen, der Mond spiegelt dir die Antwort auf deine Frage!"

Mit diesen Worten war die Mondelfe verschwunden.

Die Prinzessin schöpfte wieder Hoffnung und wollte dieses Mondritual unbedingt ausprobieren. Dafür musste sie natürlich das Turmzimmer verlassen. In drei Tagen war Vollmond. Als sie am nächsten Tag das Essen bekam, täuschte die Prinzessin eine Ohnmacht vor. Der ganze Hofstaat war in Aufruhr, die Prinzessin war in Ohnmacht gefallen, zum ersten Mal. Gab es also doch noch Hoffnung? Denn andere Prinzessinnen fielen dauernd in Ohnmacht, das war also eine echte Prinzessinneneigenschaft!

Auf alle Fälle war diese Ohnmacht ein guter Anlass, die Prinzessin aus dem Turm herauszuschaffen und medizinisch zu versorgen. Der König gab sich selbst die Schuld für die Ohnmacht seiner Tochter und trat reumütig an ihr Krankenbett.

Als er ihre Hand hielt, schlug die Prinzessin die Augen auf und sagte: „Vater, ich will es wirklich versuchen, mich zu ändern, doch ich weiß nicht, wie ich das schaffen soll. Lass mich in zwei Tagen zum Schlossteich gehen, der Mond soll mir die Antwort geben!"

Der König willigte ein. Alles war ihm recht, wenn seine Tochter nur zur Vernunft käme.

So begab sich die Prinzessin zwei Tage später zum Schlossteich und wartete darauf, dass der Mond aufging und sich im Schlosteich spiegelte. Endlich war es so weit. Es war eine sternenklare Nacht und der Mond lächelte der Prinzessin aus dem Schlossteich entgegen.

Wieder stellte sie ihre Frage und betrachtete dabei die Wasseroberfläche. Je länger ihre Augen auf dem Spiegelbild des Mondes verweilten, desto tiefer tauchte sie in ihr Innerstes ein. Immer mehr Bilder stiegen in ihr auf und ließen sie schließlich verstehen, warum sie keine Prinzessin sein wollte.

Die Prinzessin sah, wie sie geboren wurde. Wie der König Vater in das Zimmer trat und ein enttäuschtes Gesicht machte. „Was, kein Junge, ich hätte mir so sehr einen Thronfolger gewünscht. Mädchen machen nur Ärger, sind launisch und halten nichts aus!" Mit diesen Worten verließ der König den Raum, ohne sein Kind nur eines liebevollen Blickes gewürdigt zu haben.

Die Königin Mutter grämte sich, auch sie hätte lieber einen Jungen geboren, aber nun war es eben ein Mädchen geworden. Das kleine Prinzesschen spürte diese ablehnende Haltung der Eltern sehr wohl und benahm sie sich dann eben wie ein Junge.

Das war also des Rätsels Lösung! Der Prinzessin liefen Tränen der Erkenntnis über die Wangen. Sie bedankte sich beim Mond für die Beantwortung ihrer Herzensfrage und begab sich noch in derselben Nacht zu ihrem Vater.

Mit der Wahrheit konfrontiert, tat es dem König nun leid, doch damals vor rund siebzehn Jahren hatte er es einfach nicht besser gewusst. Er hatte seine Tochter lieb gewonnen und hätte sie gegen keinen Sohn der Welt eingetauscht. Das Gespräch mit dem König löste den alten Wunsch „ein Junge sein zu wollen" auf und erlaubte der Prinzessin nun, sich auch als Frau wohlzufühlen.

Ab diesem Zeitpunkt erfreute sie sich nicht nur an ihrer Schönheit, sondern auch an den vielen, vielen Prinzen, die um sie warben. Sie suchte sich den besten von allen aus und dieser war nach der Hochzeit ordentlich beeindruckt, dass seine schöne Frau nicht nur Qualitäten zum Pferdestehen mitbrachte, sondern auch raufen konnte wie ein Mann.

Eine wilde Ehe, in der es immer wieder krachte, die sich jedoch insgesamt zu einer wunderschöne Liebesgeschichte entwickelte.

❦ Die gute Mondmilch ❦

Es war einmal … ein Bauer, der war sehr schlau. Die Milchpreise sanken und die Milch, die seine Kühe gaben, brachte ihm immer weniger Geld ein. Da kam der Bauer auf eine Idee. Ab sofort stellte er seinen Bauernhof voll und ganz auf den Mond ein. Er las sämtliche Mondbücher, die er finden konnte, und kombinierte die wertvollen Informationen für seine bauernschlauen Zwecke.

Seine Kühe bekamen ab sofort nur noch Mondgras, das genau zur richtigen Zeit gemäht wurde, zu fressen, und gemolken wurden sie streng nach den Mondphasen. So gab es vier verschiedene Milchsorten auf dem Mondbauernhof zu kaufen: Neumondmilch, Vollmondmilch, abnehmende Mondmilch und zunehmende Mondmilch. Wobei er die abnehmende Mondmilch speziell für Fastenkuren empfahl und der Vollmondmilch besonders stärkende Eigenschaften zugeschrieben wurden.

Den Kühen schien das neue Mondprogramm sehr gut zu gefallen. Der Bauer war selbst erstaunt, als er feststellte, dass seine Kühe mit dem Mondgras und dem neuen Melkplan fast ein Drittel mehr Milch gaben! Ein Wunder! Der Bauer dankte dem Mond und rieb sich die Hände.

Die mondgläubigen Menschen reagierten auf das neue Milchangebot durchwegs positiv und ließen sich vom Mondbauern vor Ort persönlich beraten, welche Milch denn für ihren Typ die passende wäre. Dem Bauern machte das großen Spaß, er redete gerne mit den Leuten und den Städtern konnte man ohnehin alles erzählen. So verdiente er sich eine goldene Nase und wurde auch noch berühmt mit seiner Mondphasenmilch, die den Menschen so wohlbekam, dass seine Kühe gar nicht so viel produzieren konnten, wie die Nachfrage das verlangte.

Eines schönen Tages kam die Milchaufsicht zu Besuch und wollte nachsehen, was es denn auf sich hatte mit dieser besonderen Mondmilch. Der Bauer erklärte den Prüfern sein neues Konzept, an dem niemand etwas Schlechtes finden konnte. Nur der Preis war doch etwas überhöht, meinten die Milchkontrolleure.

„Alles hat seinen Preis im Leben und was nichts kostet, ist nichts wert!", antwortete der Bauer und lachte sich ins Fäustchen.

Aber warum seine Milch jetzt so reißenden Absatz fand, das war dem Bauern selbst nicht ganz klar. Er ging in den Stall, sah seinen Kühen tief in die Augen und bedankte sich bei ihnen für die gute Leistung, die sie brachten.

An jenem Tag herrschte der Vollmond über die Nacht und der Bauer ging zur gewohnten Zeit zum Melken. Die Vollmondmilch war sehr beliebt, da hatte er immer besonders große Freude am Melken. Als er mit seiner Arbeit fertig war, ging er ins Freie und sah den Vollmond an. Ganz lange stand er da und fragte sich selbst, was es denn nun wirklich mit der Milch seiner Kühe auf sich hatte und ob es tatsächlich das mondgerechte Futter war, das die Milch so besonders machte.

Plötzlich vernahm er eine Stimme, sie schien direkt vom Himmel zu kommen:

„Bauer, grüble nicht und freu dich lieber. Du bist ein guter Mensch und hast es dir verdient, erfolgreich zu sein. Nicht nur ich bin es, der deine Milch so besonders macht, sondern auch du selbst hast dazu beigetragen, dass deine Kühe so eine gute Milch geben! Du hast deine ganze Liebe und Aufmerksamkeit diesem neuen Projekt und, damit verbunden, deinen Tieren gewidmet! Du hast dich ausführlich mit mir und mit deinen Milchkühen beschäftigt, bist öfter zu ihnen in den Stall gegangen als sonst und warst mit deiner Aufmerksamkeit voll und ganz bei der Sache! Und das hatte auch eine besondere Auswirkung auf die Milch! Deine Kühe geben die beste Milch im Land, weil sie sich von dir geschätzt fühlen. Sie bedanken sich auf ihre Art und Weise dafür. Die Idee mit der Mondmilch war die beste, die du jemals hattest! Und du hast auch Mut bewiesen, dich auf etwas Neues einzulassen. Ich bin der Mond, und ich sehe euch Menschen vom Himmel aus zu, bei Tag und bei Nacht, denn ich bin immer da, auch wenn ihr mich nicht sehen könnt."

Der Bauer fragte ganz entgeistert: „Ja, aber, Herr Mond, wer hat denn nun mehr Einfluss auf die gute Milch, du oder ich?"

Der Mond musste schmunzeln: „Natürlich habe ich einen Einfluss auf die Erde, aber mein Einfluss hat auch immer etwas damit zu tun, wie sehr ihr Menschen daran glaubt."

Jetzt war der Bauer sprachlos.

„Ja aber die Gezeiten, die machst doch du alleine, da helfen wir Menschen nicht mit?"

„Da hast du ganz recht, bei den Gezeiten geht es auch um physikalische Gesetzmäßigkeiten. Gemeinsam mit der Erde und der Sonne bin ich für die Gezeiten verantwortlich. Das ist der Planetenvertrag, ohne den es auch kein Leben auf der Erde geben würde. Doch ihr lieben Menschen werdet am meisten von euch selbst beeinflusst. Das ist so und wird auch immer so sein."

Der Mann wollte noch so vieles fragen, doch der Mond war verstummt.

So freute sich der Bauer auch weiterhin an seinem Geschäftserfolg und produzierte gemeinsam mit dem Mond und seinen geliebten Kühen die geheimnisvolle Mondmilch.

Und wenn er nicht gestorben ist, dann melkt er noch heute am liebsten bei Vollmond seine Kühe und bedankt sich beim Mond für die weisen Worte, die ihn aufmerksamer gemacht haben auf die Beeinflussbarkeit der Menschen und auf die große Kraft, die in jedem von uns steckt.

❧ *Der Wunschbrunnen* ❧

Es war einmal … ein kleines Mädchen namens Anna, das hatte einen großen Wunsch. Es wollte unbedingt der Mutter einen goldenen Anhänger schenken. Oft stand die Mutter vor dem Schaufenster des Juweliers und bewunderte mit sehnsüchtigen Blicken diesen einen goldenen Anhänger in Herzform. Jedes Mal, wenn sie am Schaufenster vorbeikam, blieb sie stehen und sah das Schmuckstück ganz lange an.

Der Muttertag nahte und das beste Geschenk wäre wohl dieses besondere Herz aus Gold gewesen. Doch ohne Geld konnte Anna den Anhänger natürlich nicht kaufen. Anna besprach die Lage mit ihrer Freundin Marie. Und die beiden Mädchen heckten einen Plan aus. Marie wusste von ihrer Schwester, dass man in Vollmondnächten seine Wünsche erfüllt bekommt, wenn man nur ganz fest daran glaubt und dabei den Mond ansieht. Ob das wirklich funktionieren würde? Noch bessere Chancen auf eine Wunscherfüllung sollte es allerdings geben, wenn man in einer Vollmondnacht eine Münze in einen Brunnen warf und sich dabei etwas wünschte. Die Mädchen entschieden sich für die Wunschbrunnen-Variante und warteten schon gespannt auf den nächsten Vollmond.

Es war eine klare Nacht, Anna und Marie schlichen heimlich aus dem Haus und trafen sich beim Brunnen im Park. Das war ganz schön aufregend! Und natürlich durften sie niemandem etwas davon verraten! Der Mond stand hell leuchtend am Himmel und es schien, als ob er nur darauf wartete, dass sich die beiden Mädchen etwas wünschten.

Anna und Marie nahmen eine Münze in die Hand, stellten sich mit dem Rücken zum Brunnen, warfen die Münze mit der rechten Hand über die linke Schulter und sahen dann dabei zu, wie sie auf den Grund des Brunnens hinuntersank. Währenddessen dachten sie ganz stark an ihren Wunsch, der hoffentlich bald in Erfüllung gehen würde. Lange betrachteten sie noch ihre Münzen im Brunnen und wurden dabei ganz still. Sie hatten überhaupt keine Angst und der Vollmond war so schön, dass sie gar nicht nach Hause gehen wollten.

Anna hatte sich natürlich den goldenen Anhänger für ihre Mutter gewünscht und Marie wünschte sich einen Einser für die nahende Deutsch-Schularbeit. Wie schnell die Wünsche in Erfüllung gehen würden, das wussten die zwei natürlich nicht, doch glaubten sie fest daran, dass ihr Mondritual funktioniert hatte.

Maries Wunsch ging sehr schnell in Erfüllung. Sie bekam auf die nächste Deutsch-Schularbeit wirklich einen Einser und war überglücklich. Und Anna war sauer, warum hatte es bloß bei ihrem Wunsch noch nicht geklappt?

Der Muttertag nahte, und noch immer war kein goldenes Herz für die Mutter in Sicht. Anna war enttäuscht, wie jedes Jahr bastelte sie für die Mutter nun eine Kleinigkeit und war besonders lieb an diesem Tag. Die Mutter freute sich und nahm Anna in die Arme: „Mein Goldherz", sagte sie, „du hast mir eine große Freude gemacht!"

Goldherz? Anna wurde hellhörig, war sie selbst das Geschenk für die Mutter? Da musste sie wohl noch einmal ein Wörtchen mit dem Mond reden, da hatte er anscheinend etwas falsch verstanden. Noch am selben Abend sah Anna vor dem Zubettgehen aus dem Fenster, es war zwar nicht Vollmond, aber die Mondsichel war zu sehen.

„Lieber Mond, ich habe mir für meine Mama ein Herz aus Gold gewünscht! Kannst du bitte dafür sorgen, dass sie es bekommt, du weißt schon, das goldene Herz, das schon so lange im Schaufenster vom Juwelier liegt!"

Als Anna am nächsten Tag von der Schule nach Hause ging, da war das goldene

Herz aus dem Schaufenster des Juweliers verschwunden. Jemand hatte es gekauft! Auch das noch! Jetzt konnte es die Mutter nicht einmal mehr bewundern, wenn sie am Schaufenster vorüberging!

Anna war traurig. Doch das sollte sich bald ändern, denn als der Vater am Abend nach Hause kam, hatte er eine kleine Überraschung für die Familie. Er war befördert worden! Und zur Feier des Tages gab es für Anna ein neues Fahrrad und für die Mutter ein ganz kleines Geschenk, wie es schien. Der Verpackung nach könnte es ein Schmuckstück sein, dachte Anna aufgeregt. Würde ihr Wunsch doch noch in Erfüllung gehen? Und wirklich! Erwartungsvoll packte die Mutter das Geschenk aus und entdeckte mit großen Augen „ihr" goldenes Herz, das sie sich schon so lange gewünscht hatte und sich nicht hätte träumen lassen, es wirklich einmal geschenkt zu bekommen!

Anna klatschte in die Hände und bedankte sich in Gedanken beim lieben Mond. Also hatte er ihren Wunsch doch noch erfüllt!

✦ Der Mondvogel ✦

Es war einmal ... ein kleines Mädchen namens Lisa. Immer wenn Lisa schlafen ging, dann malte sie sich die buntesten Geschichten aus. Die Mama war meistens zu müde zum Vorlesen und den Papa freute das auch nicht recht. So entwickelte die kleine Lisa eine blühende Fantasie, die es ihr ermöglichte, sich selbst in den Schlaf zu träumen. Natürlich kamen Prinzessinnen vor und Prinzen, wilde Drachen und Löwen, wundersame Kochtöpfe, die wie von selbst die fabelhaftesten Speisen zubereiteten, und nicht zu vergessen, Frau Holle und viele andere Märchengestalten, die Lisa so gern hatte.

Eines Nachts träumte Lisa zum ersten Mal vom Mondvogel. Sie war traurig zu Bett gegangen, ein Zank mit ihrer besten Freundin ließ sie noch lange grübeln, und wenn Lisa traurig war, dann fielen ihr auch keine Geschichten ein. Irgendwann war sie dann doch noch eingeschlafen und siehe da, im Traum bekam sie Besuch vom Mondvogel. Sein Gefieder schillerte in den buntesten Farben und auf seinem Haupt trug er kleine Mondsicheln, die vom Mondstaub silberbunt glitzerten und funkelten. Der freundliche Vogel war einfach da. Er saß mitten in einer bunten Zauberwelt und strahlte Ruhe und Harmonie aus. Sein Blick war so sanft wie das Mondlicht selbst und Lisa spürte schon im Traum, wie wohl ihr die Anwesenheit dieses Vogels tat.

Als das Kind am nächsten Morgen erwachte, war die trübe Stimmung wie weggeblasen! Freudig hüpfte Lisa aus dem Bett und sagte immer wieder „Danke Mondvogel! Danke Mondvogel! Danke Mondvogel!" Als die Eltern das hörten, kamen sie in Lisas Zimmer, um nachzusehen, was los war. Lisa erzählte ihnen vom Mondvogel, doch sie konnten nicht verstehen, was sie meinte.

„Ein Vogel mit Mondsicheln auf dem Kopf? So ein Blödsinn! Ein Vogel, der gütig dreinblickt? Ein Vogel hat kein Bewusstsein so wie ein Mensch", wollte die Mutter aufklären. „Vögel können nicht selbst bestimmen, wie sie dreinschauen!"

Doch Lisa ließ sich nicht beirren: „Mein Mondvogel schon!"

Die Tage vergingen und Lisa war enttäuscht, weil sie nicht mehr vom Mondvogel geträumt hatte. So sehr wünschte sie sich, dass der Vogel wieder in ihren Träumen auftauchte!

Als Lisa einige Wochen später wieder einmal traurig zu Bett ging, war es so weit. Diesmal kamen gleich zwei Mondvögel geflogen, um Lisa zu trösten. Das Kind vernahm ein sachtes Flügelschlagen, das all ihre Sorgen verscheuchte. Die Mondvögel waren so schön bunt, gütig und sanft, dass Lisa noch am nächsten Morgen ganz entzückt war und natürlich wieder guter Laune.

Viele Lexika hatte Lisa schon durchgeblättert, aber Mondvögel hatte sie darin keine gefunden. Die Mutter schüttelte den Kopf: „Du mit deinen Mondvögeln!"

Lisa begann, die Mondvögel aus ihren Träumen zu zeichnen. Mit kindlicher Hand wollte sie die Tiere mit Filzstiften festhalten, um sie endlich der Mutter zeigen zu können. Natürlich sahen Lisas Mondvögel anders aus als die in ihren Träumen. Enttäuscht warf sie die Zeichnungen in den Papierkorb.

Die Mondvögel waren zu Lisas Freunden geworden. Immer dann, wenn sie traurig zu Bett ging, dann kamen sie des Nachts geflogen und setzten sich sanft in ihre Träume. Und ihre bloße Anwesenheit sorgte dafür, dass Lisa am nächsten Tag wieder fröhlich sein konnte.

Lisas größter Wunsch war es, einmal in Wirklichkeit einen Mondvogel zu sehen. Die Eltern hielten das natürlich für unmöglich und versuchten, der Tochter dieses „Hirngespinst" auszureden. Und je älter Lisa wurde, desto mehr verblasste dieser Wunsch.

Lisa wurde erwachsen. Die Mondvögel waren ihr treu geblieben, doch hatte sie vergessen, sich nach dem Aufwachen an sie zu erinnern.

Eines schönen Tages kam ein Kunstmaler in die Stadt, um hier seine Werke in einer Ausstellung zu präsentieren. Lisa wollte sich diesen Augenschmaus natürlich nicht entgehen lassen. Als sie die Ausstellung betrat, konnte sie es kaum fassen, von den Bildern lächelten ihr sanft die freundlichen Mondvögel ihrer Kindheit entgegen.

Jetzt fiel Lisa alles wieder ein. Tränen standen ihr in den Augen, als sie begriff, dass dieser Künstler, „ihren" Mondvögeln in seinen Bildern Gestalt verliehen hatte. Der sanfte Ausdruck in ihrem gütigen Blick, die farbenfrohe Zauberlandschaft.

Ja, sie waren es wirklich. Lisa hatte ihre Mondvögel wiedergefunden und war überglücklich. Sie kaufte ein Bild und hängte es noch am selben Tag über ihrem Bett auf.

Ab diesem Zeitpunkt konnte sich Lisa wieder an die Mondvögel erinnern. Und sie wusste nun auch, dass sie wohl nicht der einzige Mensch auf der Welt war, der im Traum Besuch von den geflügelten Mondboten bekam.

Mutige Mondmärchen

❧ Die Bröseltante ❧

Es war einmal … eine Frau, die hatte das Talent, mit allem, was sie aß, herumzubröseln. Überall dort, wo sie sich aufhielt, lagen Brösel und auf allen Wegen, die sie ging, hinterließ sie ihre bröseligen Spuren.

Sie hatte Brösel in der Handtasche und im Küchenschrank, hinter den Ohren und unter den Fingernägeln. Wenn sie eine Semmel aß, dann entstand dabei ein Haufen Brösel, und wenn das runde Gebäck schließlich in den bröseligen Mund der Tante gefunden hatte, war es gut, wenn sich ein Handstaubsauger in der Nähe befand. Sie selbst merkte das Bröseln gar nicht mehr und wurde immer schrulliger.

Viele Jahre ging das schon so. Die Tante war nicht gern gesehen bei Familienfesten, denn auch dort hinterließ sie nach jedem Essen riesige Ansammlungen von Bröseln. In den Restaurants der Stadt war sie gefürchtet und in manchen Frühstücksbars hatte sie bereits Lokalverbot. Doch das störte die Tante nicht, sie mochte ihre Brösel und so war es nicht verwunderlich, dass auch die Stadtvögel die alte Dame liebten und ihr auf Schritt und Tritt folgten. Denn überall, wo die Bröseltante auftauchte, gab es auch leckere Brösel für die Vögel abzustauben, und das war für ihre gefiederten Freunde eine große Sache.

Eines schönen Tages kam die Nichte der Bröseltante ganz aufgeregt dahergelaufen. „Tante, Tante, wir brauchen deine Hilfe!", rief sie verzweifelt! „Ja, aber Kindchen, du bist ja ganz außer Atem, da, trink erst einmal einen Schluck, damit du wieder zu Kräften kommst!"

Natürlich befanden sich in dem Eistee, den sie der Nichte anbot, auch eine Menge Brösel. „Nein danke!", lehnte diese wissend ab und erzählte der Bröseltante von der Katastrophe.

„Das Bröselmonster ist in der Stadt! Es hat schon ein ganzes Kaufhaus zerbröselt und wenn es bis Mitternacht nicht ein kleines Kind, eine Jungfrau und einen Schuldirektor zum Zerbröseln bekommt, dann wird es sich als Nächstes den Mond vornehmen! Und du weißt ja, liebe Bröseltante, wenn der Mond zerbröselt, dann zerbröselt auf Dauer auch die Erde und wir mit ihr!"

Die Tante wusste das nicht. Und war ganz verwirrt vom vielen Geplapper der Nichte! „Ich soll es mit dem Bröselmonster aufnehmen!? Ich bin doch eine alte Frau und habe keine Kraft mehr in meinen Armen, wie soll ich denn ein Monster besiegen!?"

„Ja, aber du kennst dich doch so gut mit Bröseln aus!" Die Nichte gab nicht auf.

Die Tante war wirklich schon sehr alt, aber gefürchtet hatte sie sich bis jetzt noch nie vor etwas. Es war ihr auch immer egal gewesen, wenn die Leute sie wegen ihrer vielen Brösel schief anschauten oder wenn sich jemand darüber aufregte, wenn sie in einem Lokal wieder einmal einen Bröselberg hinterließ.

Die Bröseltante dachte nach, wie war das denn damals in der Jugend, als sie so leidenschaftlich zu bröseln begann. Ach ja, der Bäckergeselle Florian, in den war sie so verliebt, und immer wenn sie eine Semmel aß, wusste sie, die hat der Florian mit seinen lieben Händen geformt, und dann fing sie vor lauter Begeisterung zu bröseln an. Sie hat den Florian dann auch geheiratet und gemeinsam eröffneten sie eine kleine Bäckerei in der Stadt. Die hieß „Die Bröselstube" und es gab auch Kaffee dort. Natürlich kannte die Tante die tollsten Rezepte für Bröselkuchen und verstand sich bestens auf Bröselknödeln, doch dann verstarb der liebe Mann, er hatte ausgebröselt. Seine Asche wurde mit Bröseln vermischt, und auf seinem Grab im Waldfriedhof liegen immer ein paar frische Brösel, zur Freude der Friedhofsvögel, versteht sich. Die Bäckerei wurde geschlossen, alles, was der alten Tante noch blieb, waren ihre geliebten Brösel.

Eine schöne Geschichte, aber jetzt waren die Brösel am Dach, sprich Feuer am Dach, das Bröselmonster war in der Stadt und drohte den Mond zu zerbröseln. Wie überaus bröselböse! Das konnte die Bröseltante natürlich nicht zulassen und so ging sie, bewaffnet mit allen Bröseln, die sie in ihrer Wohnung finden konnte, gemeinsam mit der Nichte in die Innenstadt. Menschenleer waren die Straßen dort. Das große Kaufhaus war einfach nicht mehr da, das Bröselmonster hatte es einfach zerbröselt.

„Zeig dich, Bröselmonster!", rief die mutige Bröseltante.

Und schon schaute das Monster um eine Straßenecke und brüllte die Bröseltante wütend an. Diese schwang wie wild ihren Bröselkorb und machte das Bröselmonster damit noch wütender. Wie bei einem Stierkampf lief das Monster jetzt auf die Tante zu, doch diese schwenkte geschickt den Korb voller Brösel, sodass ihn das Monster nicht erwischen konnte.

Die Nichte hatte sich hinter einer Parkbank verschanzt und beobachtete das arge Treiben aus der Ferne. Der Bröseltante war jetzt alles egal, sie setzte ihr Leben aufs Spiel, um es mit dem Bröselmonster aufzunehmen. Das Bröselmonster kam näher und näher, todesmutig stellte sich die Bröseltante dem Ungeheuer in den Weg.

„Da, komm her, hol dir die Brösel, du Monster, du!"

Was hatte die Tante vor, die Nichte zitterte vor Angst und hoffte, dass ihre Bröseltante einen guten Plan hatte.

Plan hatte die Bröseltante wie immer keinen, doch sind spontane Handlungen in Notsituationen manchmal auch sehr hilfreich.

So kam es, dass sich das Bröselmonster vor der Bröseltante aufbaute und seinen Rachen gaaanz weit aufriss und dabei laut brüllte. Die Bröseltante wusste nichts Besseres, als dem Monster alle ihre Brösel in den Rachen zu schmeißen, sodass es einen riesengroßen Hustenanfall bekam und schließlich an den vielen trockenen Bröseln erstickte. Mausetot lag das Bröselmonster nun in der Fußgängerzone und die Bröseltante hüpfte vor Freude auf seinem dicken fetten Bröselbauch herum!

„Das Bröselmonster ist tot! Das Bröselmonster ist tot!", rief sie fröhlich aus.

Die Nichte kam aus ihrem Versteck und umarmte die Tante vor Freude.

Die ganze Stadt feierte jetzt die wunderbare Bröseltante, durch deren Mut die ganze Welt gerettet worden war! Von nun an brauchte sich niemand mehr vor dem Bröselmonster zu fürchten und auch der Mond war in Sicherheit. Als Anerkennung für ihre große Tat wurde der Bröseltante ein Denkmal errichtet. Ab sofort gab es zu jedem Gericht in der Stadt Brösel serviert und natürlich hatte die Bröseltante nirgends mehr Lokalverbot.

Auch die Bröseltante freute sich über ihren erfolgreichen Kampf mit dem Bröselmonster. „Ach, wenn das mein seliger Florian noch hätte sehen können", dachte sie und ihr wurde ganz warm ums Herz.

So lebte die Bröseltante fortan glücklich weiter mit ihren vielen Bröseln. Und wenn sie nicht gestorben ist, dann bröselt sie noch heute!

❧ Die drei Mondschwestern ❧

Es war einmal ... ein König, der hatte drei Töchter. Alle drei waren sie liebreizend anzusehen, von Wesen und Gestalt so königlich, wie man es sich nur vorstellen kann, und auch untereinander verstanden sich die drei Prinzessinnen recht gut, was unter Schwestern nicht immer selbstverständlich ist.

Irgendwann geschah es, dass der König mit seinen Mannen in den Krieg zog, das Nachbarland wollte erobert werden, denn die vielen Goldschätze dort sollten das Königreich noch reicher machen. Die Schwestern sorgten sich sehr um den Vater, der schon recht alt war, und es noch immer nicht lassen konnte sich andere Länder einzuverleiben, um mächtiger und stärker zu werden, wie er meinte.

So geschah es, dass die drei Schwestern dem Vater eine Taube mit auf den Weg gaben. „Lieber Vater, wenn du in Gefahr bist, dann schicke uns diese Taube nach

Hause, sie wird uns wissen lassen, wenn du in Gefahr bist."

Die Tage und Wochen vergingen und die Schwestern bangten um ihren geliebten Vater. Doch eines Tages kam die Taube zurück und das besagte nichts Gutes.

„Oje", klagte jetzt die Älteste, „der Vater ist vielleicht schon tot, und lange wird es nicht mehr dauern, dass auch wir sterben müssen, wenn die Feinde in unser Land kommen und das Schloss erobern!"

Doch die zweite Schwester entdeckte ein kleines Schriftstück, das um ein Beinchen des Federtieres gewickelt war.

„Was steht da?", alle waren neugierig.

„Wer den König Vielbart lebend sehen will, der soll kommen zu dem weißen Walde in der Nacht, wenn der Vollmond steht."

Nur zur Erklärung, der König hatte seit langer Zeit so viel Bart, dass er sich selbst diesen Namen verliehen hatte. Bärte galten früher als Symbol der Macht und wenn einer besonders lang und dicht wuchs, dann war das schon etwas ganz Besonderes für einen Mann.

Jetzt war guter Rat teuer. Die drei Prinzessinnen hatten weder Soldaten noch andere kräftige Männer zur Seite, die sie auf ihrer gefährlichen Mission hätten begleiten können. Alle Männer waren mit dem König in den Krieg gezogen, nicht einer war übrig geblieben, um im Ernstfall das Schloss zu verteidigen, geschweige denn die Prinzessinnen zu beschützen. Doch die jüngste Schwester fasste Mut und hatte eine gute Idee: „Wir dürfen jetzt nicht verzagen, wir sind starke Frauen und werden uns etwas einfallen lassen, wie wir unseren Vater aus den Fängen der Feinde retten können."

Die drei beschlossen, bei Vollmond besagten Treffpunkt aufzusuchen, doch wer sagte ihnen, dass sie nicht selbst auch gefangen genommen würden? Wie konnten sie sich davor schützen?

Die Amme musste her, die wusste doch immer Rat! Sie war eine selbstsichere Frau und hatte alle drei Prinzessinnen aufgezogen. Die Königin war bald verstorben und so war es die liebe Amme, die den drei Mädchen nicht nur ihre Brust, sondern auch ein starkes Selbstbewusstsein mit auf den Lebensweg gab.

Natürlich wusste die Amme Rat. Im Wald gab es eine Hexe, und die sollten die drei königlichen Schwestern aufsuchen. Sie hatten große Angst davor, alleine in den Wald zu gehen, doch die Aussicht, mit ihrem Unterfangen den geliebten Vater zu retten, gab ihnen die Kraft, es doch zu tun. Die Amme wusste, dass sie es schaffen würden, denn zu dritt waren die Prinzessinnen unschlagbar. Die eine war klug, die zweite war geschickt und die dritte war mutig.

Gemeinsam machten sie sich auf den Weg. Es wurde schon dunkel, als sie das Häuschen der alten Hexe erreichten. Es gruselte die Schwestern sehr, doch die Mutige ließ nicht locker: „Wir gehen da jetzt hinein!"

Ui, wie freute sich die Hexe, als sie sah, dass da drei so hübsche Königskinder in ihre Hütte fanden. Selbst war sie alt und runzelig und so viele Zaubertränke konnte sie gar nicht mehr brauen und saufen, dass sie es geschafft hätte, auch nur ein Stückchen jünger auszusehen. Sofort blitzte es in den Augen der Hexe, die schönen Maiden wollte sie nicht mehr so schnell auslassen. Denn von ihnen würde sie wohl einiges bekommen, was sie sich schon lange wünschte. Was waren sie auch so dumm, und kamen freiwillig zu ihr in den Wald!?

Doch die älteste und klügste Prinzessin wusste, was zu tun – oder besser gesagt, was nicht zu tun war. Denn wenn die drei Schwestern weder zu essen noch zu trinken von der Hexe annahmen, dann konnte gegen ihren Willen auch nichts Böses geschehen. Die besten Köstlichkeiten trug sie ihnen auf, doch keine der drei wollte etwas zu sich nehmen. Die Hexe war mit ihrem Latein am Ende. Schließlich fragte sie: „Was wollt ihr denn von mir?"

Die jüngste Königstochter erzählte von dem tragischen Schicksal des Vaters, der in Gefangenschaft geraten war und von den drei Prinzessinnen gerettet werden sollte.

Die Hexe lachte: „Ihr drei dünnen Mädchen wollt es mit den gegnerischen Heerscharen aufnehmen!?"

Doch, Moment, jetzt sah die Hexe wieder etwas für sich selbst bei dem Geschäft herausspringen, also machte sie folgenden Vorschlag: „Ihr drei Schönen, es gibt da wohl doch eine Möglichkeit, wie ihr euren Vater retten könnt! Ich verwandle euch in Riesenweiber mit Riesenkräften und so könnt ihr mit Holter und Gepolter euren Vater und seine Mannen befreien! Doch seid euch bewusst, dass mein Lohn dafür eure lichten Seiten sein werden. Ihr könnt es euch aussuchen, du Älteste, gibst du mir deine Schönheit oder deine Klugheit? Und du, mittlere Schwester, kann ich deine Geschicklichkeit haben oder dein makelloses Aussehen, und du Jüngste, gibst du mir deinen Mut oder dein schönes Gesichtchen!?"

Gute Eigenschaften waren im Hexenreich Mangelware, die wurden mit Drachengold aufgewogen und zählten noch viel mehr als alle Schönheit der Welt. Doch die Hexe durfte nur eines von beidem fordern, denn auch im dunklen Hexenreich gibt es Regeln. So standen die Prinzessinnen jetzt vor der Wahl.

„Wenn ich nicht mehr schön bin, dann bin ich immer noch klug und kann mir mit meinen guten Ideen weiterhelfen. Aber wenn ich nicht mehr klug bin, und nur noch schön, was hilft mir das?"

Die älteste Prinzessin entschied sich also, ihre Schönheit zu opfern.

Der zweiten Schwester ging es ähnlich: „Wenn ich nicht mehr geschickt bin und nur noch schön, was kann ich dann mit meiner Schönheit anfangen? Meine Geschicklichkeit wird uns helfen, den Vater zu befreien, so werde ich ebenfalls meine Schönheit preisgeben!"

Jetzt war die Jüngste an der Reihe: „Ich will mir meinen Mut ein Leben lang bewahren, der mich wiederum vor Angst und Zögerlichkeit beschützen soll, so fällt mir die Entscheidung leicht, auch ich gebe meine Schönheit her und will mir dafür meinen Mut behalten!"

Die drei Schwestern hatten sich entschieden und die alte Hexe rieb sich vor Freude die Hände. So viel Schönheit für sie allein, was für eine Augenweide würde sie schon bald abgeben! Sie tanzte vor Freude rund um ihren Hexenkessel.

Schnell wurde jetzt gezaubert. Aus den grazilen drei Schönheiten wurden drei Riesenweiber, die so groß waren, dass es aussah, als könnten sie mit ihren Händen den Mond berühren.

Die Hexe war zufrieden mit ihren Kreationen, so groß und stark die drei Schwestern jetzt waren, so potthässlich waren sie auch geworden. Wirklich zum Fürchten sahen sie aus, aber das war ja auch der Plan.

Die Schönheit der drei Prinzessinnen hatte die Hexe in drei kleine Töpfe gefüllt, sie wollte mit der eigenen Hexerei noch eine Weile warten, bis der Mond besonders günstig stand für den Schönheitszauber, und so versteckte sie die drei Töpfe im hintersten Winkel des Hexenhauses.

Die drei Schwestern erschraken selbst über ihre Gestalt und über die massive Kraft, die ihren Körpern jetzt innewohnte. Die ältere Schwester wollte es gleich wissen und riss mit einem kräftigen Ruck einen starken Baum samt Wurzeln aus dem Boden.

Ja, jetzt waren die drei wirklich sehr kräftig geworden. Dass sie so hässlich waren, störte sie nicht sonderlich, das Wichtigste war jetzt, den Vater und seine Mannen zu retten.

Ins Schloss konnten die drei Schwestern in ihrer jetzigen Gestalt nicht zurückkehren, nicht einmal die Amme würde sie wiedererkennen, und so groß wie sie jetzt waren, hätten sie wohl gar nicht durch das Schlosstor gepasst.

So blieben die drei Schwestern bis zum nächsten Vollmond im Wald und heckten dabei einen Plan aus. Natürlich wollten sie auch ihre Schönheit wieder zurückbekommen und natürlich wussten sie, dass Hexen ihre Rituale am liebsten bei Vollmond durchführten. Jetzt mussten sie es schaffen, in der nächsten Vollmondnacht nicht nur den Vater zu befreien, sondern gleichzeitig auch noch ihre Schönheit zurückzuerhalten. Das war der Plan, doch wie meistens im Leben kam dann alles ganz anders.

Die drei erinnerten sich wieder an die schriftlichen Worte, welche die Taube mit nach Hause gebracht hatte: „Wer den König Vielbart lebend sehen will, der soll kommen zu dem weißen Walde in der Nacht, wenn der Vollmond steht."

Mit dem weißen Wald war der Birkenwald gemeint, der drei Tagesmärsche entfernt lag. Für die Riesenschwestern war das nur ein Katzensprung und so war es ihnen ein Leichtes, schnell dorthin zu gelangen.

Von Weitem sahen sie schon ein Lager mit Männern, Pferden, Zelten und Feuern. Mit großem Gebrüll stürmten die drei Schwestern auf das Lager zu und führten sich auf wie die wildesten Krieger. Das machte ihnen großen Spaß, endlich konnten sie ihre neu gewonnenen Kräfte zum Einsatz bringen, und ihre wilden Drohgebärden machten auf die Männer großen Eindruck.

„Bitte, tut uns nichts, ihr Riesenweiber! Verschont unser Leben, wir tun alles, was ihr von uns verlangt!"

Das ging ja wirklich schnell. Drei gegen dreihundert, aber das war klar, umsonst hatten sie nicht ihre Schönheit aufgegeben, ihre neue Größe und Stärke sollten schließlich dazu führen, den geliebten Vater zu retten!

„Gebt uns König Vielbart und seine Mannen!", herrschte die Älteste den Anführer an.

Es dauerte nicht lange, da wurde der König aus einem Zelt geholt. Abgemagert war er, den schönen Bart hatten sie ihm abgeschnitten, aber er lebte.

Als er die Riesenweiber sah, erschrak er zuerst und dann fing er an zu lachen, ein erleichtertes Lachen, denn er erkannte auch noch in der Hässlichkeit und Riesengestalt seine drei Töchter: Die Kluge, die Geschickte und die Mutige, zu dritt waren sie unschlagbar, das hatte der Vater schon immer gewusst.

Die drei Schwestern brachten den König in Sicherheit und machten sich auf, ihre Schönheit zurückzuerobern, und so schnell sie gekommen waren, so schnell waren sie auch wieder im Wald verschwunden. Der Vollmond leuchtete ihnen den Weg und im Nu erreichten sie die Hütte der alten Hexe, die sich gerade daran machte, ein Bad zu bereiten. Der edle Badezusatz war nichts Geringeres als die Schönheit der drei Prinzessinnen. So wollte die runzelige, bucklige, alte Hexe rundherum wieder jung und schön werden. Die Hexe hatte gut vorgesorgt, wenn sie für sich selbst hexte. Sie schützte ihre Hütte durch einen Zauber, und so konnten die Prinzessinnen nicht an das Hexenhäuschen herankommen. Von Weitem sahen sie noch durch ein Fenster, wie die Hexe die drei Töpfe in den Badebottich schüttete und schließlich selbst hineinstieg. Sie tauchte mit dem ganzen Körper unter und als sie wieder auftauchte, war sie die wohl schönste Hexe aller Zeiten, mit wallendem goldenem Haar, Wimpern wie aus Seide und Augen so blau wie der klarste Bergsee. Wer würde sie jetzt noch als Hexe erkennen!? Niemand! Die Hexe klatschte vor Freude in die Hände und dachte an ihr böses Werk, das sie von nun an nicht mehr nur versteckt in einer alten Hütte im Wald vollbringen musste, sondern ganz öffentlich in ihrer neuen körperlichen Pracht. Wie viele Königssöhne würde sie in ihrer jetzigen Gestalt wohl verführen können und sich damit nicht nur ihrer Seele, sondern auch noch ihrer Königreiche bemächtigen. Die Welt würde ihr zu Füßen liegen und sie würde die mächtigste und schönste Frau sein, die der Erdball jemals gesehen hatte.

So hatten sich die Prinzessinnen das nicht vorgestellt. Doch anstatt zu jammern, behielten sie einen kühlen Kopf und dachten gemeinsam nach. Die Älteste und Klügste hatte einen Einfall. Die Amme hatte ihnen immer wieder von drei verwunschenen Prinzen erzählt, die als Drachen auf einem Berg lebten, den sie verteidigten, weil sie selbst nicht mehr wussten, was sie waren, und glaubten, sie müssten böse sein, um überleben zu können.

„Ja, und weiter?", fragte die Zweitälteste.

„Kannst du dich nicht mehr erinnern, wie man als verzauberter Prinz oder Prinzessin seine wahre Gestalt wiedererlangt? Man muss von einem anderen Wesen von Herzen geliebt, also anerkannt werden! Jetzt müssen wir es nur noch schaffen, den Drachenberg zu finden, und die drei Drachenprinzen dazu bringen, sich in uns zu verlieben!"

Die zweite Prinzessin war bekannt für ihr Geschick und damit verbunden auch für ihren guten Orientierungssinn. Die Amme hatte den drei kleinen Mädchen schon in der Kindheit den besagten Drachenberg auf einer alten Karte gezeigt und natürlich wusste die geschickte Prinzessin noch heute, in welcher Himmelsrichtung er sich befand.

„Doch wer weiß, wie groß diese Drachen sind, vielleicht töten sie uns, noch ehe sie sich in uns verlieben können!?", die ersten beiden Schwestern bekamen es jetzt doch mit der Angst zu tun!

„Ach was!", warf die mutige Prinzessin ein, „Wir sind so groß und stark, dass wir es auch mit Drachen aufnehmen können!" Sie machte den beiden anderen Mut und so zogen sie los, die Kluge, die Geschickte und die Mutige.

Der Vollmond leuchtete ihnen den Weg und sie erreichten in Windeseile den Drachenberg. Die drei verwunschenen Drachen schliefen am Fuß des Berges. Das war eine gute Gelegenheit für die drei Riesenschwestern, mit ihren weiblichen Qualitäten ihr Bestes zu tun. Sie kraulten den Drachen zärtlich das Haupt und massierten ihnen die fetten Drachenbäuche. Mit einem zärtlichen Küsschen weckte eine jede der Prinzessinnen ihren Drachenprinzen aus dem Schlaf und noch bevor die Ungetüme aus ihrem Drachenmund Feuer speien konnten, war es schon um sie geschehen. Noch nie war jemand lieb und nett zu ihnen gewesen, noch nie zuvor hatte ihnen jemand zärtlich über den Kopf gestreichelt.

Das war zwar vollkommen neu, dass verzauberte Prinzessinnen sich verzauberte Prinzen suchen, aber es war möglich. Und auf einen Schlag kam es zu einer Erlösung. Die drei Prinzen wurden gleichzeitig mit den drei Prinzessinnen in ihre wahre Gestalt zurückverwandelt und konnten die Schönheit der jungen Damen kaum fassen!

Die böse Hexe badete derweilen noch immer in ihrem Jungbrunnenbad und wurde plötzlich wieder zu einer alten runzeligen Gruselgestalt. Denn für jeden Zauber gibt es einen Gegenzauber, und so wurde nichts aus den Schönheitsplänen der bösen Hexe. Und jener Zauberer, der vor vielen, vielen Jahren die drei Prinzen verhext hatte, zerfiel irgendwo auf der Welt augenblicklich zu Staub.

Zum Glück waren die drei Prinzen nach ihrer Verwandlung jung geblieben. So war es den sechs Königskindern kein Problem mehr, sich miteinander anzufreunden, wie es Mann und Frau – auch im Märchen – eben so tun. Gemeinsam kehrten sie heim auf des Vaters Schloss, der die drei Töchter schon sehnlichst erwartete. Die drei Prinzen empfing er wie seine eigenen Söhne, hatten sie doch dabei geholfen, seine drei Lieblinge zu erlösen. Doch eigentlich hatten sich die Prinzessinnen selbst erlöst, durch ihre Klugheit, ihre Geschicklichkeit und durch ihren Mut. Und wenn Klugheit, Geschicklichkeit und Mut sich mit der wahren Herzensliebe vereinen, dann kann es geschehen, dass die Welt den Atem anhält und ein Zauber ewig währt. Und so war es auch bei den drei Prinzessinnen. Als Lohn für ihre heldenhaften Taten durften die drei ihre körperliche Stärke, die sie jüngst als hässliche Riesinnen innehatten, zeit ihres Lebens behalten.

Auch den drei Prinzen erging es gut. Sie bewahrten sich zur Freude der Prinzessinnen ihr feuriges Drachenwesen und so wurde den starken Frauen mit ihren feurigen Männern niemals langweilig. Die Prinzessinnen lebten glücklich bis an ihr

Lebensende und wenn sie nicht gestorben sind, dann reißen sie heute noch Bäume aus und erfreuen sich an ihren feurigen Prinzgemahlen.

❋ *Im Zwergenland* ❋

Es war einmal ... ein Zwerg namens Erso, dem erzählte schon seine Großmutter, dass Zwerge im Sonnenlicht zu Stein werden. Um diesen Umstand zu verhindern, ging der Zwerg nur bei Mondlicht ins Freie und verbrachte die Tage im Inneren des Zwergenberges. So machten das alle Zwerge, denn jeder von ihnen war davon überzeugt, dass das Sonnenlicht sie vernichten würde und dass sie zu Stein erstarrten, sobald sie dem Tageslicht ausgesetzt wären.

Erso hatte einen guten Freund, Zwerg Urso, der war schon immer sehr neugierig gewesen und ging den Dingen gerne auf den Grund. Noch nie hatte es ein Zwerg gewagt, sich dem direkten Sonnenlicht auszusetzen, also gab es auch keine Beweise für die Versteinerung. Leider gab es aber auch keine Beweise dagegen. Zwerg Urso glaubte nicht recht an die Geschichte mit dem Sonnenlicht, er hatte die Sonne gern und beobachtete die Welt in ihrem Licht immer wieder vom Inneren des Berges aus.

Eines schönen Tages fragte er seinen Zwergenfreund Erso: „Hast du denn jemals einen versteinerten Zwerg gesehen?"

„Nein", antwortete Erso, „aber unser Eulenfreund hat mir berichtet, dass er in den Gärten der Menschen ganz viele Steinzwerge gesehen hat! Also wurden die Zwerge, die sich ins Sonnenlicht hinausgewagt haben, wirklich versteinert, und die Menschen schmücken mit unseren versteinerten Brüdern ihre Gärten, wie grausam!"

Urso dachte nach. Wenn die versteinerten Zwerge durch das Sonnenlicht verwandelt wurden, dann musste es doch sicherlich eine Möglichkeit geben, sie im Mondlicht wieder zu erlösen. Einen Versuch war es auf alle Fälle wert! So suchte Urso den ältesten Zwerg im Berg auf und fragte ihn um Rat.

„Wie kann ich unsere versteinerten Zwergenbrüder wieder zurückverwandeln? Was kann ich tun, dass sie wieder zu lebenden Zwergen werden?"

Der alte Zwerg wusste sehr viel, doch diese Frage konnte auch er nicht beantworten. Er schickte Urso zur Waldhexe, vielleicht konnte die helfen. Doch mochte diese Hexe Zwerge nicht besonders gern, nur das wusste der alte Zwerg leider nicht.

Urso und Erso machten sich in einer Vollmondnacht auf den Weg und fragten die Alte um Rat. Sie lachte sich ins Fäustchen, endlich konnte sie wieder einmal Zwerge ärgern, dachte sie bei sich. Sie gab den beiden eine Tinktur und einen Zauberspruch mit auf den Weg. Mit der Tinktur sollten sie die versteinerten Zwerge bestreichen und dabei folgenden Zauberspruch dreimal aufsagen: „Zwerg aus Stein, beweg dein Bein, Zwerg aus Stein, komm wieder heim!"

Was für eine Freude hatten Urso und Erso jetzt mit ihrem neuen Wissen. Die Nacht war noch jung und so suchten sie in den Gärten der Menschen nach ihren versteinerten Artgenossen. Bald schon wurden sie fündig. Schnell öffneten sie das Fläschchen, das ihnen die Waldhexe mitgegeben hatte. Ui, sofort hielten sich die beiden die Nasen zu, die Flüssigkeit stank bestialisch und Erso wäre vor lauter Gestank beinahe in Ohnmacht gefallen. Aber die beiden ließen sich nicht entmutigen und fingen damit an, den ersten Gartenzwerg einzustreichen und dabei den Zauberspruch aufzusagen. Und wirklich, sobald sie das Sprüchlein drei Mal aufgesagt hatten, verwandelte sich der Steinzwerg wieder in einen richtigen Zwerg.

Urso und Erso klatschten vor Freude in die Hände. Bald schon war ihnen die stinkige Tinktur ausgegangen und sie eilten mitsamt ihren erlösten – und ziemlich stinkigen – Zwergenbrüdern zum Hexenhaus! Die alte Hexe fiel vor Erstaunen fast von der Hausbank, auf der sie gemütlich saß, als sie die Zwergenschar erblickte und die Geschichte von der Verwandlung erfuhr.

„Was für ein Unsinn", dachte sie, „ich habe den beiden doch nur in Wasser aufgelösten Katzenkot gegeben, und den Zauberspruch habe ich frei erfunden."

Doch die beiden Zwerge hatten der Hexe geglaubt, und Glaube versetzt bekanntlich Berge, oder verwandelt wie in diesem Fall auch versteinerte Zwerge zurück in ihre ursprüngliche Gestalt. Und wenn etwas so schrecklich stinkt, dann muss es wohl eine besonders starke Wirkung haben, dachten die Zwerge beim Bestreichen ihrer steinernen Brüder. Mit dieser Überzeugung und dem Herz am rechten Fleck „zauberten" Urso und Erso die versteinerten Zwerge ins Leben zurück und konnten es gar nicht erwarten, noch mehr von der magischen Tinktur von der Hexe zu bekommen. Diese erhoffte sich nun doch noch ein gutes Geschäft und braute für eine Handvoll Edelsteine noch einmal so einen grässlichen Stinkesaft zusammen. In den kommenden Vollmondnächten erlösten Urso und Erso alle versteinerten Zwerge in der Umgebung und befragten schließlich ihre Zwergenfreunde, wie es denn gekommen sei, dass sie zu Stein erstarrt waren. Alle erzählten sie die gleiche Geschichte, alle wurden sie durch die warmen Sonnenstrahlen in Steinzwerge verwandelt und von den Menschen schließlich im Garten als Dekoration aufgestellt.

Also stimmte es doch, dass für Zwerge das Sonnenlicht schädlich war, und Urso war beruhigt, der Sache auf den Grund gegangen zu sein. Dabei hatte er gemeinsam mit seinem Freund Erso auch noch viele, viele Zwerge erlöst, die ihnen ein Leben lang dankbar waren und ihre Versteinerungs-Geschichten gerne erzählten, damit in Zukunft nur ja kein Zwerg mehr im Sonnenlicht zu Stein erstarren musste.

Und wer im Garten seinen Gartenzwerg vermisst, der kann getrost sein, dieser wurde wahrscheinlich nicht gestohlen, sondern ist wohl – nachdem er von Urso und Erso erlöst wurde – in den großen Zwergenberg zurückgekehrt.

❋ Der Mondtraum ❋

Es war einmal ... ein kleines Mädchen namens Sandra. Von klein auf war sie immer schon ein sehr unsicheres Kind gewesen. Sie wollte es immer allen recht machen und vergaß dabei ganz darauf, auf sich selbst zu achten.

Es begann schon in der Früh, wenn Sandra ihre Kleider anzog. „Soll ich heute die dicke Strumpfhose anziehen?", der Fritz aus der vierten Klasse hatte Sandra gestern deswegen ausgelacht, eine dicke Strumpfhose zu tragen, das wäre doch das Letzte! Sandra wollte ihm sagen, dass es Minusgrade hatte, dass Winter war und dass eine dicke Strumpfhose ordentlich warm war, wenn man als Mädchen einen Rock trug, aber sie traute sich nicht und fing vor Verzweiflung auch noch an zu weinen. Natürlich war das gleich wieder ein Grund, ausgelacht zu werden. Sandra litt sehr unter den Hänseleien der anderen Kinder und versuchte, so gut es ging, keine Angriffspunkte mehr zu liefern. Sie zog sich immer mehr zurück, galt als Außenseiterin und wurde so nur noch mehr zur Zielscheibe von Spott und Hohn.

Die dicke Strumpfhose wollte sie keinesfalls mehr tragen. Eine dünne Nylonstrumpfhose sollte reichen, doch als Sandra an diesem Morgen das Haus verlassen wollte, bekam sie es mit ihrer Mutter zu tun. „Was, du willst mit einer dünnen Strumpfhose in die Schule gehen? Das kommt gar nicht in Frage!" Jetzt schimpfte auch noch die Mutter mit Sandra, das war nicht fair. Sandra fing wieder zu weinen an und erzählte der Mutter von ihren schlimmen Erlebnissen. Die Mutter zeigte sich verständnisvoll, ein Kompromiss wurde geschlossen, Sandra zog eine Hose an, darunter eine dünne Strumpfhose und warme Socken. Jetzt war es aber schon spät geworden, und Sandra musste sich sputen, um den Bus noch zu erwischen. Und wieder passte den Mitschülern etwas nicht an Sandra, diesmal waren es die Socken, die handgestrickt waren, von der Oma noch dazu! „Wer trägt denn heute noch handgestricktes Zeug?", musste sich Sandra anhören.

So ging es jeden Tag. Egal, was Sandra anhatte, irgendetwas fanden die anderen Kinder immer, an dem sie herummäkeln konnten.

Völlig verzweifelt weinte sich Sandra wieder einmal in den Schlaf. Sie wollte nicht mehr zur Schule gehen und hatte keine rechte Freude mehr an ihrem jungen Leben. Da bekam das kleine Mädchen eines Nachts Besuch von der Mondfee, die ihr einen besonderen Traum schickte. Sandra träumte vom Mond, sie sah, wie er sich veränderte, wie er durch seine Phasen ging, Neumond, zunehmender Mond, Vollmond, abnehmender Mond ... immer wieder im selben Rhythmus, und jeden Tag sah der Mond dabei ein klein wenig anders aus. Und Sandra sah, wie die Menschen auf der Erde mit dem Finger auf ihn zeigten und ihn bewunderten, wenn er so schön voll war, und wie sie ihn ignorierten, wenn er nicht mehr am Himmel zu sehen war, und wie sie über ihn schimpften, wenn sie nicht schlafen konnten, und wie sie ihm alles in die Schuhe schoben, wenn etwas Schlimmes passierte. Doch der Mond zeigte sich davon überhaupt nicht beeindruckt, er zog weiter seine Bahnen, ganz egal, was die Menschen auf der Erde über ihn sagten. Er kümmerte sich nicht um ihre Meinung, die an einem Tag so und am anderen Tag wieder ganz anders war. Denn es war auch nicht der Mond, der die Menschen urteilen ließ, nein, es waren die Menschen selbst, die ein Opfer suchten, das sich offensichtlich nicht wehren konnte und auf das sie ihre gute oder schlechte Laune projizierten.

Als Sandra am nächsten Morgen erwachte, konnte sie sich noch ganz genau an ihren Traum erinnern, es war ein schöner Traum gewesen. Natürlich hatte die Mondfee auch ein bisschen Mondstaub mitgebracht und über Sandra ausgestreut. Der Mondstaub gab Sandra Kraft und heilte ihre verletzte Kinderseele. Als Sandra sich anzog, wählte sie bewusst die dicke Strumpfhose und setzte sich auch noch ihre rosarote Lieblingsmütze auf. Die Mutter war erstaunt, als sie ihre Tochter sah. „Willst du wirklich so in die Schule gehen!?", fragte sie sicherheitshalber noch einmal nach.

„Ja, das will ich!", antwortete Sandra bestimmt.

Als sie in den Schulbus einstieg, ging die Prozedur von vorne los. Der freche Fritz machte sich wieder lustig über Sandras „Aufzug", doch dieses Mal begann Sandra nicht zu weinen, sondern baute sich vor ihm auf und sprach mit fester Stimme: „Mir ist es egal, was du über mich sagst! Immerhin ist meine Kleidung sauber, was man von deiner nicht behaupten kann! Jeder Mensch hat ein Recht, sich so zu kleiden, wie er will, das nennt man persönliche Freiheit!"

Bum, mit dieser Ansage hatte Fritz nicht gerechnet. Und Sandra hatte recht, Fritz hatte meistens schmutzige Hosen an, fleckige T-Shirts und zerschlissene Schuhe. Er fühlte sich ertappt. Seine Mutter achtete nicht besonders darauf, wie ihre Kinder das Haus verließen, mit dem Wäschewaschen hatte sie es auch nicht so, und übriges Geld für neue Schuhe gab es erst wieder zu Weihnachten. Fritz hatte in Sandra lange Zeit ein Opfer gefunden, um von sich selbst abzulenken, doch Sandra hatte es geschafft, sich endlich zur Wehr zu setzen. Was für eine Erleichterung! Sie dankte im Geist der Mondfee für den hilfreichen Traum und achtete ab diesem Zeitpunkt nur mehr darauf, dass sie selbst mit ihrer Kleidung zufrieden war.

Fritz war verstummt. Auch die anderen Mitschüler ließen Sandra ab jetzt in Ruhe. Sie hatte sich getraut, den frechen Fritz zu kritisieren, und das hatte ihr Respekt eingebracht. „Traurig eigentlich", dachte Sandra, „dass man jemandem seine Schwächen auf den Kopf zusagen muss, um selbst Ruhe zu haben." Aber immerhin hatte sich Sandras Leben dadurch um ein Vielfaches verbessert.

Immer wieder blickte sie nun dankbar zum Mond und dachte daran, was die Mondfee ihr in jener Nacht zugeflüstert hatte: „Es ist völlig egal, was die anderen über dich sagen und denken, es zählt nur das, was du selbst über dich denkst!"

Mit diesem Lebensmotto wurde aus der unsicheren Sandra ein selbstsicheres Mädchen, das sich nie wieder von anderen einschüchtern ließ. Sie lernte, zu sich selbst zu stehen, und gewann dadurch nicht nur viele neue Freunde, sondern vor allem auch ein gesundes Selbstbewusstsein.

❖ *Der Wolf und der Hase* ❖

Es war einmal ... ein junger Wolf, der fürchtete sich vor der Dunkelheit, und sobald es draußen dämmerte, wollte er den Bau nicht mehr verlassen. Nicht einmal in den Vollmondnächten, wenn seine Wolfsbrüder leidenschaftlich gern den Mond anheulten, traute er sich hinaus. So ging das einige Zeit. Die Mutter machte sich schon große Sorgen. Viele Wolfsjungen hatte sie schon aufgezogen, aber ein so ängstliches Wolfskind war noch nie dabei gewesen.

Da geschah es eines Nachts, dass sich ein alter Hase in den Wolfsbau verirrte, sein

Augenlicht und seine Nase waren nicht mehr so gut, und so verwechselte er wohl den eigenen Bau mit der Bleibe der Wölfe. Alle anderen Wölfe waren draußen unterwegs, um zu jagen, nur der ängstliche junge Wolf war wieder einmal alleine zu Hause geblieben. Hase und Wolf erschraken gleichermaßen.

„Tu mir bitte nichts!", flehte der Hase. „Nein, nein, du brauchst keine Angst zu haben, ich tu dir schon nichts, ich bin selber froh, wenn du mir nichts zuleide tust!", antwortete der Wolf schüchtern.

Der Hase war ziemlich überrascht, so ein Wolf war ihm noch nie begegnet in seinem langen Hasenleben. Schon wollte der Hase den Wolfsbau wieder verlassen, als der ängstliche Wolf seinen ganzen Mut zusammennahm und fragte: „Alter Hase, ich habe so große Angst vor der Dunkelheit, vielleicht kannst du mir sagen, warum?"

Der Hase hatte schon sehr viel gesehen und gehört in seinem Leben, man könnte auch sagen, dass er für einen Hasen ziemlich weise war. Er bekam Mitleid mit dem Wolf und ließ sich schließlich doch noch auf ein Gespräch mit ihm ein.

„Vielleicht hast du Angst vor deiner eigenen dunklen Seite und traust dich deshalb nicht, in der Nacht aus dem Bau zu gehen?" Der Hase hatte den Satz kaum zu Ende gesprochen, als plötzlich das ganze Wolfsrudel hereingestürmt kam. Jetzt war der Hase wirklich in Lebensgefahr, denn die anderen Wölfe wussten sehr wohl, was mit einem Hasen anzufangen war.

Mit einem Satz sprang der ängstliche Wolf nun auf den alten Hasen zu, packte ihn sanft am Genick und sprengte mit ihm, so schnell er nur konnte, zum Wolfsbau hinaus. Die Wolfsgeschwister konnten es kaum fassen, dass der nächtliche Stubenhocker jetzt auf einmal so schnell in die Dunkelheit entschwand. So raste der Wolf mit dem Hasen im Maul in die schwarze Nacht hinaus und hatte plötzlich gar keine Angst mehr vor der Dunkelheit.

„Danke!", sagte der alte Hase, als ihn der Wolf in sicherer Entfernung des Wolfsbaus sachte auf dem Waldboden absetzte.

„Aber was ist denn nun aus deiner Angst vor der Dunkelheit geworden?", wollte der Hase wissen.

„Die ist wie weggeblasen!", antwortete der Wolf und hob zum ersten Mal in seinem Leben den Kopf zum Nachthimmel empor und sah wie gebannt den Vollmond an. Und jetzt überkam es ihn, der Mond musste einfach von ihm angeheult werden, so schön wie er da am Himmel stand.

Der Wolf und der Hase wurden dicke Freunde. Nie im Leben vergaß der Hase, dass ihm der Wolf das Leben gerettet hatte, und niemals vergaß der Wolf, dass ihm der alte Hase seine Angst vor der Dunkelheit genommen hatte.

Dunkle Mondgeschichten

Der Werwolf

Es war einmal ... ein junger Mann, der liebte ein junges Mädchen. Die beiden lebten in zwei verschiedenen Dörfern, die ein Wald voneinander trennte. Man munkelte, dort gäbe es Werwölfe, darum traute sich auch keiner der Dorfbewohner jemals bei Nacht in den dichten, dunklen Wald.

So wie der Wald die beiden Dörfer trennte, so verband er sie auch. Denn es gab einen schmalen Pfad, der nur bei Tag von den Dörflern benutzt wurde.

Die Liebe und die Sehnsucht des jungen Mannes waren jedoch so groß, dass er das nächtliche Waldverbot in den Wind schlug und sich, auch wenn es finster war, immer wieder auf den Weg machte, um seine Liebste zu besuchen. Sein Mädchen bat ihn stets aufs Neue, es nicht zu tun, zu sehr fürchtete es um das Leben seines Freundes.

„Ach bitte, besuch mich bei Tag, die Nächte sind gefährlich im Wald, die Werwölfe gehen um, ich bitte dich, wir heiraten bald, dann sind wir für immer vereint, hab Geduld, mein Lieber, ich will dich in einem Stück heiraten und dich nicht irgendwann zerstückelt im Wald finden müssen!"

Doch der verliebte Mann hörte gar nicht richtig zu, um was ihn seine Liebste da bat. „Werwölfe? Pah, wer hat denn schon jemals einen gesehen!? Niemand, sage ich dir, nicht ein Mensch, den ich kenne, hat jemals einen Werwolf getroffen!"

Er musste ihr aber dennoch versprechen, auf alle Fälle in den Vollmondnächten auf einen Besuch zu verzichten. Der junge Mann willigte schließlich ein, damit seine Zukünftige beruhigt war.

Die Tage vergingen und die Sehnsucht war wieder einmal sehr groß, der junge Mann konnte nicht schlafen. Die Gedanken kreisten um seine Liebste, er wollte sie sehen, jetzt sofort! Es war schon spät, doch das war ihm egal, er konnte es gar nicht erwarten, sein Mädel in dieser Nacht noch in die Arme zu schließen. Schnell lief er auf dem Trampelpfad durch den Wald, als er plötzlich auf einer Lichtung entdeckte, wie aus der nächtlichen Wolkendecke der Vollmond zum Vorschein kam. Just in diesem Moment vernahm er aus der Ferne das Heulen eines Hundes, wie er glaubte, oder war es vielleicht doch ein Wolf? Mit einer Gänsehaut und einem mulmigen Gefühl in der Magengegend ging er weiter. Ständig hatte er das unangenehme Gefühl, verfolgt zu werden. „So ein Humbug!", dachte er, „jetzt hat mich mein Mädchen schon angesteckt mit dieser verrückten Werwolfangst!" Er fing laut zu pfeifen an, um sich selbst die Angst zu vertreiben und hielt plötzlich inne, als er ein verdächtiges Knacken im Unterholz hörte.

„Ist da jemand?", fragte er mit zittriger Stimme in den dunklen Wald hinein und bekam als Antwort ein großes Untier zu sehen, mit zotteligem Fell und abartig langen Fangzähnen, die im Mondlicht glänzten. Das riesige Tier stürzte sich mit einem Satz auf ihn und ging ihm sogleich an die Gurgel. Viele Werwolflegenden hatte der junge Bursche schon gehört, alle hatte er bisher verlacht, doch nun, da er selbst Bekanntschaft mit einem Werwolf machte, da war es aus und vorbei mit dem Lachen. Es ging um Leben und Tod, der junge Mann kämpfte einen aussichtslosen Kampf, als ihm plötzlich einfiel, wie man Werwölfe zur Strecke bringen konnte. Seine Liebste hatte ihm eines Tages erzählt, dass man Werwölfe mit einem silbernen Gegenstand in die Kopfhaut ritzen musste. Schnell fasste er nach der silbernen Brosche, die er seinem Mädel zur Verlobung schenken wollte und die er immer bei sich trug. Damit ritzte er nun bei einer günstigen Gelegenheit den Werwolf am Kopf. Und wirklich, das Ungeheuer heulte laut auf und lief auf der Stelle davon.

Der junge Mann war schwer verletzt und schleppte sich mit letzter Kraft zum Haus seiner Liebsten. Als diese ein schwaches Röcheln unter ihrem Fenster hörte, packte sie die Angst. Ob das vielleicht der Liebste war, aber es war Vollmond, und da durfte er doch nicht kommen! In einer Vollmondnacht wollte das junge Mädchen nicht einmal vor die Türe gehen, so groß war die Angst vor den Werwölfen. Als es jedoch hörte, wie sein Liebster mit allerletzter Kraft um Hilfe rief, lief es sofort hinaus und fand den Verletzten in seinem eigenen Blut auf der Erde liegen.

„Oh nein, mein Liebster, ich habe dir doch gesagt, du sollst nicht kommen, wenn Vollmond ist, jetzt hat dich der Werwolf zerfleischt und es ist aus und vorbei mit dir. Entweder du stirbst an deinen Wunden oder du wirst für immer und ewig selbst ein Werwolf bleiben!", das Mädchen weinte bitterlich.

Gemeinsam mit dem Bruder schaffte sie den Verletzten ins Haus. Die Liebe war groß zwischen den beiden Menschenkindern und Liebe lässt bekanntlich Wunden schneller heilen als sonst etwas. Es vergingen drei Wochen und der junge Mann wurde erstaunlich schnell gesund und konnte schon bald wieder aufstehen. War es wirklich nur die Liebe? Es hieß nämlich auch, dass die Wunden von Werwölfen schneller heilten als die von gewöhnlichen Menschen. War der Mann vielleicht selbst schon ein Werwolf und deswegen so schnell genesen?

Sein geliebtes Mädchen beobachtete ihn auf Schritt und Tritt, ob er sich verändert hatte und ob ihm die Augenbrauen vielleicht schon zusammenwuchsen. Das wäre ein erstes Zeichen dafür gewesen, dass bereits der Werwolf in ihm steckte. Aber wer weiß, vielleicht war es ja nur ein wildes Tier, das ihn damals angefallen hatte im Wald, wer konnte schon mit Sicherheit sagen, dass es sich dabei wirklich um einen Werwolf gehandelt hatte? So versuchte sich die junge Frau zu beruhigen.

Der nächste Vollmond nahte. Ein düsteres Warten begann. Der Mann bat, alleine sein zu dürfen, falls es wirklich zu einer Verwandlung kommen sollte. Er ließ sich im Keller des Hauses einsperren und wartete, was passierte. Nach Einbruch der Dunkelheit spürte er ein Kribbeln unter der Haut, es juckte ihn überall, und dann hörte er seine Knochen knacken und litt dabei fürchterliche Schmerzen. Seine Kleider zerrissen, während er sich in einen riesigen Werwolf verwandelte und nicht mehr Herr seiner Sinne war. Er brach aus dem Keller aus und stürmte in die Stube des Hauses, in der sich seine Liebste aufhielt. Der Werwolf wollte sie angreifen und setzte schon zum Sprung an. Doch das Mädchen war mutig und stellte sich ihm in den Weg. Es sprach ihm auf den Kopf zu: „Du bist kein Werwolf, du bist kein Werwolf, du bist kein Werwolf!" Der Zauberspruch wirkte, und aus dem grässlichen Untier wurde auf der Stelle wieder ein junger Mann, der jetzt nackt und besinnungslos auf dem Boden lag. Voller Freude umarmte das Mädchen seinen geliebten Burschen und küsste ihn ins Leben zurück.

„Was ist geschehen?", fragte er benommen.

Als er sah, dass er nackt war, fiel ihm die Verwandlung zum Werwolf schnell wieder ein.

„Du warst ein Werwolf und wolltest mich angreifen! Doch ich habe schon als Kind von meiner Großmutter einen Zauberspruch gelernt, mit dem man einen Werwolf wieder zurückverwandeln kann, doch wirkt er nur, wenn der Werwolf noch keinen Menschen gebissen hat. Ich bin so froh, dass du wieder ein Mensch bist, und ich hoffe, dass du von nun an auch für immer einer bleiben wirst!"

Die Tage bis zum nächsten Vollmond waren voller Ungewissheit. War der Bursche geheilt oder würde er sich wieder in einen Werwolf verwandeln? So ließ er sich auch diesmal wieder in den Keller sperren, die Tür wurde von außen und innen verriegelt und das Mädchen verließ zur Sicherheit das Haus. Als es am nächsten Tag heimkam und die Kellertür entriegelte, da schlief der Geliebte selig auf seinem Strohsack und nichts deutete darauf hin, dass er sich in der letzten Nacht in eine Bestie verwandelt hätte.

Erleichtert weckte das Mädchen seinen Schatz und in inniger Umarmung freuten sie sich beide über die Heilung, die der Zauberspruch nach der ersten Verwandlung ausgelöst hatte.

So lebten sie glücklich und zufrieden und wenn sie nicht gestorben sind, dann halten sie sich auch heute noch an das Dorfgesetz, das besagt, dass man in Vollmondnächten nicht in den Wald gehen soll.

❦ *Der dunkle Mond* ❦

Es war einmal ... eine junge Frau, die war sehr unglücklich. Sie wünschte sich nichts sehnlicher als einen Mann an ihrer Seite, der sie aufrichtig liebte und mit dem sie eine liebevolle Beziehung leben konnte. Doch das Liebesglück wollte sich nicht und nicht einstellen. Immer wieder lernte die Frau zwar jemanden kennen, aber immer wieder musste sie feststellen, dass es nicht der Richtige war.

So ging das viele Jahre dahin. Die Frau war des Suchens müde geworden und hatte die Hoffnung auf die wahre Liebe beinahe aufgegeben. Doch bekanntlich stirbt die Hoffnung zuletzt und so war es auch bei der jungen Frau. Immer dann, wenn sie kurz davor war, den Glauben an die Liebe zu verlieren, verspürte sie in ihrem Herzen, ja, in ihrem ganzen Körper ein leises Sehnen, das stärker und stärker wurde. Dieses Sehnen machte sie traurig, doch erinnerte es die Frau auch daran, dass ihre Seele mehr vom Leben wollte, als nur einfach so dahinzuleben. Wie es so ist, gibt es rund um die Liebe immer wieder viel Zauberei und Magie. Und wenn ein Mensch verzweifelt ist, dann kann der Gedanke an einen Liebeszauber schon sehr verlockend sein. So war es auch bei der jungen Frau. Als sie eines Tages von einer Zauberfrau hörte, die angeblich die Liebe herbeihexen konnte, wollte sie diese unbedingt aufsuchen.

Der dunkle Mond begleite diese Zauberfrau, so hieß es, und ihre magischen Fähigkeiten würden nur an Neumondtagen wirken. So suchte die junge Frau nach der Magierin und ging in einer Neumondnacht in den Wald. Ein abenteuerliches Unterfangen, es war stockdunkel, doch war diese Nachtwanderung notwendig, um in den Genuss des Liebeszaubers zu kommen.

Es dauerte nicht lange, und die Frau verlor die Orientierung. Sie verirrte sich im Wald und wusste nicht mehr weiter. Sie fing bitterlich zu weinen an und erschrak sehr, als ihr plötzlich ein Glühwürmchen seine Aufwartung machte.

„Liebe Frau, warum weinst du denn?", fragte das Glühwürmchen freundlich.

In Neumondnächten haben die Glühwürmchen ihre hohe Zeit, da sind nur sie es, die die Nächte auf der Erde erhellen, und aus diesem Grund wird ihnen in dieser Zeit auch die Gabe verliehen, mit den Menschen zu sprechen.

Die Frau erzählte dem Glühwürmchen ihre traurige Geschichte und war sich nicht mehr ganz sicher, ob sie diese Begegnung nur träumte oder ob sie wirklich mit einem Glühwürmchen sprach.

Das Glühwürmchen war das stärkste und hellste im ganzen Wald und schaffte es mühelos, den Pfad auszuleuchten. Doch wohin sollte es gehen? Die junge Frau kannte den Weg zur Hütte der Zauberfrau nicht und so konnte das Glühwürmchen schon wieder helfen. Denn alle Tiere des Waldes wussten Bescheid über die einzige menschliche Waldbewohnerin.

Es leuchtete voraus und zeigte der Frau den richtigen Weg. Schließlich erreichten sie eine kleine Hütte, in der ein Lichtschein zu sehen war. Die Frau bedankte sich bei dem Glühwürmchen und klopfte an die Hüttentür. Die knarrende Holztür wurde von einer freundlichen Alten geöffnet. Die milden Gesichtszüge sagten viel aus über das liebevolle Wesen dieser Frau, die eine weise Zauberin war und schon seit vielen hundert Jahren alleine im Wald lebte.

Als die unglückliche Frau ihr Anliegen vortrug, wurde die Zauberin sehr ernst. Sie murmelte etwas vor sich hin und kramte in ihrer Schürzentasche. Dann holte sie eine schwarze Feder hervor und gab sie der Frau in die Hand.

„Heute herrscht der dunkle Mond über unsere Nacht. So wie es heute Nacht keinen einzigen hellen Lichtstrahl im Wald gibt, so gibt es auch keinen einzigen hellen Strahl in deinem Herzen. Du darfst in deinen dunklen Phasen nicht auf das Licht von außen warten, es mag kommen oder auch nicht. Versuche die Dunkelheit deines Herzens mit deinem inneren Licht zu vertreiben. Wenn das passiert, dann wird diese schwarze Feder weiß werden. Und wenn du das geschafft hast, dann bist du eine Meisterin deiner selbst."

Gemeinsam sprachen die beiden noch ein Segensgebet, bevor sich die junge Frau verabschiedete. Das brave Glühwürmchen hatte vor der Hütte auf sie gewartet und leuchtete dem nachtblinden Menschenkind den Weg nach Hause.

Auf dem Heimweg machte sie sich viele Gedanken. So hatte die junge Frau ihre Situation noch nicht gesehen. Wenn es ihr schlecht ging und sie sich so sehr nach Liebe sehnte, dann hoffte die Frau immer wieder auf Erlösung durch einen Mann, der ihr endlich die Liebe bringen würde, die sie sich so sehr wünschte. Doch der Mann kam bis jetzt nicht, und so fühlte sich die Frau immer schlechter und schlechter.

Das innere Licht zum Leuchten bringen? Wie sollte sie das anstellen? Sie dachte nach, doch ihr fiel nichts ein. So nahm sie die schwarze Feder in ihre Hand und hörte in sich hinein. Ihr liebevolles Wesen hatte so viele Facetten, so viele wunderbare Eigenschaften, mit denen sie die Liebe zum Ausdruck bringen konnte. Es musste sich nicht immer um die Liebe zu einem Mann handeln, das wurde der jungen Frau jetzt endlich klar.

Tags darauf probierte sie ihre Liebesfähigkeit gleich einmal aus. Sie streichelte über den Kopf eines Kleinkindes, das fürchterlich brüllte, und half ihm dabei, seine Mutter im Getümmel des Wochenmarktes wiederzufinden. Sie geleitete eine alte Frau über die Straße und hielt dabei liebevoll ihre Hand. Sie umarmte eine liebe Freundin und fühlte sich dabei wundervoll geborgen. Und sie erblickte die ganze Welt jetzt mit ihren liebevollen Augen. Jeden Augenblick in ihrem Leben konnte sie der Liebe widmen, dazu brauchte sie nun wirklich keinen Mann.

Was für eine Erkenntnis! Und wirklich. Die tagtäglich gelebte Liebe machte die Frau endlich wieder froh. Ihre Schwermut verschwand und ihr Herzschmerz löste sich auf. Ab sofort ging sie voller Liebe durchs Leben.

Die schwarze Feder war weiß geworden und der Horizont der jungen Frau hatte sich erweitert. In der Überzeugung, der Liebe auch irgendwann einmal in Form eines Lebenspartners zu begegnen, lebte sie fortan glücklich und zufrieden.

❧ Die falsche Zofe ☙

Es war einmal ... eine Prinzessin, die hatte ein sehr weiches Herz. Sie war so liebenswürdig und nett, dass ihr Ruf weit über die Landesgrenzen hinaus bekannt war. Da geschah es eines Tages, dass eine fremde Frau an die Pforten des Schlosses klopfte. Sie wollte unbedingt zur Prinzessin vorgelassen werden, um ihr von ihrem großen Leid zu klagen und um eine Anstellung zu bitten. Die Prinzessin hatte Mitleid mit der Frau und stellte sie als ihre Zofe ein.

Diese hatte jedoch eigentlich ganz andere Pläne. Denn auch sie hatte von der gutmütigen Prinzessin gehört und wollte ihr das gute Herz stehlen, denn für reine Herzen wurden in der Unterwelt hohe Preise bezahlt. Gute Herzen waren selten geworden bei den Menschen und wurden in Gold und Diamanten aufgewogen. Und wenn sie das geschafft haben würde, dann wollte die falsche Zofe durch einen bösen Zauber selbst zur Prinzessin werden. Das war der Plan. Sie spielte ihre Rolle so gut, dass niemand sie durchschaute, und die Prinzessin selbst vertraute ihr von ganzem Herzen. Sie war auch ziemlich faul und hatte jedes Mal eine andere Ausrede parat, wenn sie ihren Pflichten nicht nachkam. Einmal war das Bein verstaucht, dann wieder hatte sie schreckliche Kopfschmerzen und ein anderes Mal hatte sie einfach verschlafen. Eines schönen Tages überraschte die Prinzessin ihre Zofe, wie sie ihre Prinzessinnenkleider anprobierte. Das gefiel der Prinzessin gar nicht.

Die Zofe fing zu weinen an und die Prinzessin bekam sofort ein schlechtes Gewissen. Das weiche Herz hatte seine Qualitäten, doch schützte es die Prinzessin leider nicht vor Falschheit und Lügen. So schenkte die Prinzessin der Zofe eines ihrer Kleider und war sich sicher, der Zofe damit eine große Freude bereitet zu haben. Doch die falsche Person lachte sich ins Fäustchen und wollte mehr. Beim nächsten Mal legte sie den Schmuck der Prinzessin an und wieder schenkte die Prinzessin der Zofe eine ihrer schönsten Halsketten. „Jetzt ist es aber genug", sagte die Prinzessin, als die Zofe eines Tages in ihrem Himmelbett lag und sich darin räkelte und streckte. Doch schon wieder fing das falsche Weib zu weinen an und erweichte damit das Herz der Prinzessin. Diese gab für die Zofe ebenfalls ein Himmelbett in Auftrag, um sie damit zufriedenzustellen.

Jetzt besaß die Zofe also ein Prinzessinnenkleid, eine Prinzessinnenhalskette und ein Prinzessinnenbett. Mehr brauchte sie nicht, um mit ihrem bösen Zauber zu beginnen. In einer Neumondnacht schnitt sie der Prinzessin im Schlaf eine Locke aus dem Haar. Die falsche Zofe war mit den Zauberbräuchen vertraut, und daher wusste sie auch, dass bei „Dunkelmond" der dunkle Zauber am besten wirkte. So befestigte sie die Locke der Prinzessin mit einem roten Band an ihrem eigenen Haarschopf. Sie schlüpfte in das geschenkte Kleid, legte die geschenkte Kette an und legte sich in das Himmelbett. Jetzt musste sie nur noch bis Mitternacht warten, damit sie mit ihrem bösen Zauber beginnen konnte.

Doch in der Zwischenzeit war unsere richtige Prinzessin im wahrsten Sinn des Wortes aufgewacht. Denn als die falsche Zofe in ihr Zimmer kam, um sich eine Haarlocke zu stehlen, erwachte die Prinzessin und erkannte, was vor sich ging. Sie wollte die Zofe gleich am nächsten Morgen zur Rede stellen und wenn es sein musste, wohl auch vom Hof verweisen. Doch dieser Gedanke gefiel der gutmütigen Prinzessin gar nicht. Als sie so vor sich hingrübelte, kam eine Mondelfe zum Fenster hereingeflogen. Die Prinzessin erschrak, noch nie hatte sie eine Mondelfe gesehen, doch heute Nacht musste diese kommen, denn am Morgen wäre es für die Prinzessin zu spät gewesen.

Die Mondelfe erzählte der Prinzessin von den Plänen der falschen Zofe. Diese erschrak gleich noch einmal. Was? Diese Person wollte ihr das Herz stehlen und selbst Prinzessin werden? Fassungslos starrte die Prinzessin die Mondelfe an.

„Und was soll ich jetzt tun?"

„Du sollst dich wehren! Du sollst nicht tatenlos zusehen, wie diese Frau sich deiner bemächtigt und ihre falschen Spiele mit dir treibt! Geh mit deiner Wache in die Kammer der Zofe und entlarve sie noch heute Nacht!"

„Was, das soll ich wirklich tun?", die Prinzessin hatte große Angst.

„Das musst du tun, sonst gibt es dich bald nicht mehr vor lauter Gutmütigkeit!"

Die Prinzessin dachte nach. Ihr Leben lang hatte sie versucht, niemandem weh zu tun, das hatte sie bis jetzt sehr gut gemacht, doch war es schon so, dass die anderen auf sie oft keine Rücksicht nahmen und sie immer wieder mit groben Menschen in Kontakt kam, die sie auch verletzten. So war es auch mit der Zofe. Diese Frau wusste genau, dass sie mit der Prinzessin leichtes Spiel hatte, sonst hätte sie es nie gewagt, so weit zu gehen. Wenn die Prinzessin überleben wollte, dann musste sie jetzt handeln.

Als die Prinzessin mit ihren zwei treuen Wachen die Kammer der Zofe stürmte, war diese gerade dabei, die Zauberformel zu sprechen. Doch sie wurde auf frischer Tat ertappt. Die gestohlene Haarlocke der Prinzessin überführte das falsche Weibsstück, das natürlich versuchte, alles abzustreiten.

Die Prinzessin verlangte ihr Kleid und ihre Halskette zurück. Die Macht der Zofe über die Prinzessin war gebrochen, endlich hatte diese erkannt, dass sie ihre machtvolle Position auch für sich selbst einsetzen konnte.

Die Zofe wurde noch in derselben Nacht in den Kerker geworfen und am nächsten Tag machte man ihr den Prozess. Und weil unsere Prinzessin noch immer so ein gutes Herz hatte, kam die böse Frau mit dem Leben davon. Statt auf dem Scheiterhaufen zu landen, wurde sie verbannt und durfte zeit ihres Lebens keinen Fuß mehr in das Königreich setzen.

Die Prinzessin hatte durch die falsche Zofe etwas Wichtiges gelernt. Nämlich dass sie auch einmal „Nein" sagen durfte und dass sie es nicht nur den anderen, sondern vor allem sich selbst recht machen musste, um ein glückliches Leben führen zu können.

❖ *Der Zauberlehrling* ❖

Es war einmal ... ein besonders neugieriger Bursche, der wollte unbedingt bei Vollmond einmal den Hexen beim Zaubern zuschauen. Natürlich hatte er den Wunsch, etwas dabei zu lernen und dann selber die Hexenkünste auszuprobieren, doch das stellte er sich wohl alles etwas zu einfach vor. Ständig hielt er Augen und Ohren offen, um herauszufinden, wo sich die Hexen im Land treffen. Er streifte durch die Gegend und niemand wollte ihm recht Auskunft geben über das Hexenvolk. Die Menschen fürchteten sich, und wer schon einmal einer bösen Hexe begegnet war, der wollte das auf keinen Fall ein zweites Mal riskieren.

Doch der Bursche gab nicht auf. In einer Waldschenke traf er schließlich einen alten Mann, der ihm von seiner eigenen Begegnung mit den Hexen erzählte.

„Vor vielen, vielen Jahren, da hatte ich mich im Wald verlaufen. Ich irrte so lange herum, bis es dunkel wurde und ich gezwungen war, unter einem Baum zu übernachten. Ich schlief schon, als ich plötzlich durch schauriges Gelächter geweckt wurde. Es waren die Hexen, die mit ihren Besen über mich hinwegflogen und sich ihren Spaß mit mir machten! Sie wollten mich schon bei lebendigem Leibe in ihren großen Hexenkessel stecken, als ich anfing, ganz laut das „Vater unser" zu beten. Das Gebet war meine Rettung, denn so schnell, wie die Hexen gekommen waren, so schnell verschwanden sie auch wieder. Ich war gerettet und dachte, dass alles nur ein böser Traum gewesen wäre, doch dann sah ich im Morgengrauen den großen schwarzen Hexenkessel stehen, und die vielen gruseligen Zutaten lagen auch noch herum. Ich entdeckte eine Schüssel voll mit getrockneten Spinnen, eine Unzahl toter Frösche, in Körben fand ich lebende Schlangen, Menschenhaare, Fingernägel, sogar abgetrennte Hände und Füße, giftige Pilze und Beeren. So grub ich im Wald ein großes Loch und verscharrte all die abscheulichen Ingredienzien. Mein starker Glaube hat mir damals das Leben gerettet, und nie wieder würde ich freiwillig in der Nacht in diesen Wald gehen!"

Der junge Mann hörte aufmerksam zu. Es gab sie also doch, die Hexen. Er ließ sich den Platz im Wald ganz genau beschreiben und machte sich beim nächsten Vollmond auf den Weg. Dort angekommen, schlug er sein Lager auf und wartete darauf, dass es dunkel wurde. Nichts geschah, der junge Mann war enttäuscht, jetzt wollte er sich erst einmal schlafen legen.

In Vollmondnächten zaubern die Hexen besonders gern. So wie es der Mann in der Waldschenke beschrieben hatte, so geschah es auch in jener Nacht. Der schlafende Bursche wurde durch das Gelächter einer Hexenschar geweckt, die ihn bereits entdeckt hatte. Doch er hatte Glück, es waren keine besonders bösen Hexen, sondern solche, die mit Menschen gerne ihren Schabernack trieben. Der Mann bat, etwas von den Hexenkünsten erlernen zu dürfen. Das war ein ungewöhnlicher Wunsch, einem Normalsterblichen die

Hexenkünste zu verraten war unmöglich. So gaben ihm die Hexen einen Trank, der dazu führte, dass er alles, was er mit ihnen erlebte, gleich wieder vergessen würde und somit niemandem etwas über ihre Zauberkünste verraten konnte.

Der Mann durfte sich mit Flugsalbe einschmieren und so geschah es, dass er kurze Zeit später mit dem Hexenvolk durch die Lüfte ritt. Die Hexen benutzen dafür einen Besen, für den Mann reichte ein gewöhnlicher Ast, der ebenfalls mit Flugsalbe bestrichen wurde. Ach, was war das für ein Spaß, durch die Lüfte zu sausen und sich dabei so frei wie ein Vogel zu fühlen.

Die Hexen konnten Gedanken lesen und so verwandelten sie ihren Zauberlehrling gleich darauf in einen Vogel, etwas später in einen Baum und ganz zum Schluss in einen Stein. Was hatten sie für einen Spaß, endlich konnten sie an einem richtigen Menschen ihre Zauberkräfte ausprobieren. Die Junghexen übten sich in ihren Künsten und die alten Hexen sahen belustigt dabei zu. Als der Morgen graute, wurde der Mann wieder in seine ursprüngliche Gestalt zurückverwandelt. Ihm tat alles weh von den vielen Verwandlungen, doch das sollte er am Morgen darauf nicht mehr wissen, denn der Fliegenpilztrank ließ ihn alles Erlebte ganz schnell wieder vergessen.

Als der Bursche erwachte, hatte er einen dicken Brummschädel und die Glieder schmerzten ihn, als wäre ein Baum auf ihn gefallen. Seine schwummrige Erinnerung ließ ihn an die Hexen denken, doch konnte er nicht mit Gewissheit sagen, was genau passiert war. Er fühlte eine tiefe Sehnsucht nach dem Fliegen und hatte das Gefühl, in der letzten Nacht selbst mit den Hexen geflogen zu sein, doch die Erinnerung war verblasst und so war es nur die Sehnsucht, die blieb.

Seit dieser Nacht war der Mann nicht mehr derselbe, nichts freute ihn mehr, das menschliche Leben war ihm zu fade, tief in seinem Unterbewusstsein fühlte er, dass es da noch viel mehr gab zwischen Himmel und Erde, und das ließ ihn einfach nicht mehr los.

So ging er beim nächsten Vollmond wieder an jene Stelle im Wald, wo er die Hexen getroffen hatte. Und wieder kamen sie und trieben ihre Zauberspiele mit ihm. Der Fliegenpilztrunk sorgte dafür, dass es auch diesmal keine wirkliche Erinnerung gab. Je öfter der Mann den Hexentreffen beiwohnte, desto verwirrter wurde er. Immer wieder ging er in den Wald und immer mehr zersetzte ihm der Pilztrunk das Gehirn. Irgendwann war es so weit, der Mann verlor den Verstand und lebte fortan nur noch im Wald. Oft traf er die Hexen, die noch immer gern ihre Zauberkünste an ihm ausprobierten. Doch brauchten sie ihm schon lange keinen Pilztrunk mehr einzuflößen, denn sein Verstand war so mürbe geworden, dass er sich nicht einmal mehr an seinen eigenen Namen erinnern konnte.

So sei der weise Rat an das Menschenvolk gegeben. Für das Zaubern braucht es einen festen Geist und ein weises Herz. Wer sich zum Spaß zu oft verzaubern lässt, der ist bald verloren, zu sehr drängt die Sehnsucht nach immer mehr. Nie wieder will man der sein, der man einst gewesen ist, doch kann man in einem Menschenleben eben nur dieser eine sein, der mit beiden Beinen auf der Erde steht und nichts anderes sein soll als ein Mensch.

Interview mit dem Mond

Es war einmal ... ein Mondmädchen namens Monja, das hatte die seltene Gelegenheit, den Mond höchstpersönlich interviewen zu dürfen. Für das Mondmädchen-Magazin, versteht sich! Die Mondfee hatte ein gutes Wort eingelegt.

Monja war schon sehr aufgeregt, war sie doch die Erste, die als Menschenkind einen echten Himmelskörper interviewen sollte. In einer Vollmondnacht begab sich Monja auf einen kleinen Hügel, von dem aus sie den Vollmond gut sehen konnte.

„Bist du bereit?", fragte sie mutig in den Nachthimmel hinein.

„Ja, der Mond ist bereit!", antwortete die Mondfee, die als Übersetzerin im Einsatz war.

Das Interview begann und Monja stellte die erste Frage:

„Lieber Mond, wie war das damals bei deiner Geburt, wie bist du eigentlich entstanden?"

Der Mond antwortete: „Als vor viereinhalb Milliarden Jahren der Planet Theia in die Erde krachte, gab es mich noch nicht. Durch diesen Planetenunfall bin ich entstanden, ich bin aus einem Teil von Theia und einem Teil der Erde zu einer Kugel verschmolzen, die ihr heute ‚Mond' nennt."

Mondmädchen: *„Wie geht es dir so alleine da oben im Himmel?"*

Mond: „Mir geht es sehr gut, und ich bin nicht alleine. Meine Bewohner sind die Mondfee, die Mondelfen und natürlich das niedliche Mondtierchen. Manchmal schaut auch die böse Hexe vorbei und will Mondstaub stehlen, doch seit die Mondelfen und die Mondfee auf mir wohnen, hat sie keine Chance mehr! Außerdem gibt es da noch die Erde mit den Menschen, die ich sehr liebe, und natürlich die liebe Sonne."

Mondmädchen: *„Apropos Sonne, wie ist das nun wirklich mit deinem Liebesleben? Stimmt es, dass du in die Sonne verliebt bist?"*

Mond: „Was für eine Frage, natürlich bin ich in die Sonne verliebt! Wie könnte man nicht in die Sonne verliebt sein?! Diese Liebe währt ewig! Und auch wenn wir weit voneinander entfernt unsere Sternenzelte aufgeschlagen haben, sind wir doch im Geiste für immer und ewig vereint!"

Mondmädchen: *„Damit wäre ich schon bei meiner nächsten Frage, wie ist das nun mit männlich oder weiblich, welchen Part übernimmst du in dieser Beziehung?"*

Mond: „Ich möchte festhalten, dass das eine ziemlich "menschliche" Frage ist. Wir

Himmelskörper sind geschlechtslos, erst ihr Menschen macht uns zu Männlein oder Weiblein, also haben nicht wir das Problem, sondern ihr! Die himmlische Liebe ist unendlich und fragt nicht danach, wer Mann und wer Frau ist, so kann ich diese Frage für menschliche Verhältnisse schwer beantworten, jeder Mensch sieht in Sonne und Mond das, was er sehen will. Manche Kulturen haben mich zum Mann gemacht und andere wieder zur Frau. Genauso ist es der lieben Sonne ergangen. Dabei sind wir immer die Gleichen geblieben und haben uns darüber amüsiert, was sich die Menschen für Gedanken über uns machen!"

Mondmädchen: *„Ich komme jetzt zu einer meiner brennendsten Fragen. Wie stark beeinflusst du uns Menschen auf der Erde?"*

Mond: „Schon wieder eine Menschenfrage! Aber liebes Mondmädchen, du bist ja ein Mensch und wie solltest du es anders wissen? Die Erde ist vor langer, langer Zeit mit mir und der Sonne einen Vertrag eingegangen, der besagt, dass wir uns gegenseitig so im Gleichgewicht halten, dass auf der Erde Leben entstehen kann. Und somit ist die Frage schon beantwortet. Ja ich beeinflusse die Erde, jeden Tag helfe ich mit, dass es die Gezeiten gibt, dass die Erde im Gleichgewicht bleibt und dass die Menschen auf der Erde weiterleben können."

Mondmädchen: *„Und wie ist das dann bei Vollmond, wenn viele Leute glauben, dass sie wegen dir schlecht schlafen oder verrückt spielen?"*

Mond: Die Menschen sind so wandelbar wie meine Gestalt am Himmel. Sie glauben, dass sich ihr Befinden nach dem Mondstand richtet, doch ich denke, es ist ihr eigener Glaube, der sie beeinflusst und die Mondphasen zur persönlichen Gewohnheit werden lässt. Da ich noch nie selbst auf der Erde zu Gast war, kann ich nicht sagen, ob es mein Einfluss ist, der viele Menschen nicht schlafen lässt. Vielleicht ist es auch die Helligkeit, die die Menschen wachhält. Oder doch der uralte kollektive Glaube an den besonderen Einfluss des Vollmondes."

Mondmädchen: *„Die Menschen auf der Erde verfolgen deinen Lauf, seit sie sich erinnern können. Beobachtest du auch den Lauf der Erde?"*

Mond: „Ja natürlich! Das ist eine meiner Lieblingsbeschäftigungen! Ich beobachte vielleicht nicht den Lauf der Erde im klassischen Sinn, doch bin ich immer am Werden von Mutter Erde interessiert. Ich fühle, wie es der Erde und ihren Bewohnern geht, und ich leide auch mit ihr. Wenn die Menschen traurig sind, dann blicken sie mich oft sehnsuchtsvoll an, und wenn sie glücklich sind, dann schauen sie auch zu mir hinauf und ihnen geht das Herz über vor Freude. Am liebsten sind mir die Verliebten, die in meinem Schein händchenhaltend spazieren gehen! Du musst wissen, ich bin ein unverbesserlicher Romantiker!"

Mondmädchen: *„Wie wird man als Mond zum Romantiker?"*

Mond: „Das ist eine gute Frage, aber ich könnte sie genauso zurückgeben: Wie wird man als Mensch ein Romantiker? Durch Sehnsucht und durch Liebe. Seit es die Menschen auf der Erde gibt, wurden auch meine romantischen Gefühle immer stärker, die Liebe der Menschen ging nicht spurlos an mir vorüber, sie fand eines Tages zu mir, ich erkannte sie und seitdem bin ich romantisch!"

Mondmädchen: *„Heißt das, dass auch wir Menschen Einfluss auf den Mond haben?"*

Mond: „Oh ja, und wie! Da kannst du gerne meine Mondelfen und das Mondtierchen fragen, die können ein Lied davon singen, wie romantisch ich durch die Menschen geworden bin. Am liebsten würde ich manchmal zu den Menschen auf die Erde kommen, um mich mit ihnen zu unterhalten, aber da ich keine Naturkatastrophen auslösen möchte, lasse ich das lieber.

Manchmal antworte ich den Menschen auch direkt ins Gemüt, wenn sie mich anhimmeln und mir Fragen stellen. Die Menschen, die offen sind für meine Botschaften, die verstehen mich, für andere bin ich jedoch nicht hörbar."

Mondmädchen: *„Nun eine ganz andere Frage, wie war das damals bei der ersten Mondlandung für dich?"*

Mond: „Das war ziemlich aufregend! Ich dachte mir noch, das Ding da vor mir ist schon ziemlich nahe, und siehe da, es landete tatsächlich auf mir. Das kitzelte ein wenig. Ein paar Geschenke haben mir die Astronauten auch dagelassen. Mit den Hinterlassenschaften der menschlichen Raumfahrt spielen heute noch die Mondelfen. Ach ja, und Mondgestein haben sie auch mitgenommen, die Menschen, aber auch das war kein Problem für mich, ich habe ja wirklich genug davon!"

Mondmädchen: *„Und wie ist das jetzt mit den Horoskopen, da heißt es ja auch immer, dass man den Mond in einem bestimmten Haus hat und dass das dann lebensbestimmend ist für einen Menschen!?"*

Mond: „Es ist so, dass ich in diesem Interview nicht alle Himmelsgeheimnisse preisgeben will und auch nicht darf. Auch wir Gestirne haben unsere Vorschriften. So viel sei verraten, das ganze Universum ist ein zusammenhängendes Netzwerk und jedes Wesen hat seinen Platz und seine Zeit. Nichts ist zufällig, alles hat einen Sinn und da gehören natürlich auch das Geburtsdatum und die Geburtszeit dazu. Mehr möchte ich dazu nicht sagen."

Mondmädchen: *„Stichwort Zeit, da gibt es ganz viele Vorschriften, die sich damit befassen, was gut ist zu tun oder zu lassen bei bestimmten Mondständen. Was sagt der Mond dazu?"*

Mond: „Wie schon erwähnt, alles hat seine Zeit, doch alles ist auch gleichzeitig in Veränderung. Es gibt keine ewig geltenden Gesetzmäßigkeiten. Wenn die Menschen Dinge über Jahrhunderte oder Jahrtausende beobachtet haben und darin Gesetzmäßigkeiten erkannt haben, dann ahnen sie einen Bruchteil vom großen Ganzen. Manches Mal entpuppt sich der falsche Zeitpunkt als der richtige und umgekehrt. Wenn man sich zu sehr an Regeln klammert, dann ist man nicht mehr so frei, wie man sein sollte, um sich so gut wie möglich zu entwickeln. Wem Mondregeln helfen, dem sollen sie dienen, wer sich dadurch eingeengt fühlt, der soll sich seine eigenen aufstellen oder sich schlicht und ergreifend nicht daran halten."

Mondmädchen: *„Was wünscht du dir von den Menschen?"*

Mond: „Sehr, sehr viel! Dass sie endlich verstehen lernen, dass wir alle zusammen ein großes Ganzes sind. Dass wir geliebte Wesen sind und dass die Bewertung und die Angst menschliche Erfindungen sind. Die Menschen sollten wieder mehr Vertrauen zu sich selbst haben als in materielle Werte. Viele haben vergessen, worum es im Leben geht, und müssen erst krank werden, um wieder zu sich selbst zu finden. Deswegen landen auch so viele unerfüllte Wünsche und Sehnsüchte auf meiner Oberfläche. Hier sind sie sicher, hier gehen sie nicht verloren, aber die Menschen müssen von sich aus bereit sein, sich ihre Herzenswünsche zu erfüllen, dann schicke ich sie ihnen zurück auf die Erde und dann ist für so manchen Menschen die Welt wieder in Ordnung!"

Mondmädchen: *„Wenn alle unerfüllten Sehnsüchte auf dem Mond landen, dann muss deine Oberfläche ja schon übervoll sein!"*

Mond: „Die Mondelfen sorgen dafür, dass die Sehnsüchte und Herzenswünsche der Menschen gut aufgehoben sind, da sie aus Gedanken und Gefühlen bestehen, brauchen sie auch nicht viel Platz, das ist kein Problem!"

Mondmädchen: *„Und was befindet sich sonst noch auf dem Mond?"*

Mond: „Das alles aufzuzählen, würde zu lange dauern. Vielleicht noch ein paar Beispiele, die für euch Menschen interessant sein könnten. Zum Beispiel befinden sich auf meiner Rückseite, die ihr nie sehen könnt, unerfüllte Politikerversprechen, verloren gegangene Eheringe, nie geschriebene oder verlorene Liebesbriefe, aus Liebeskummer geweinte Tränen, gebrochene Herzen und noch vieles mehr!"

Mondmädchen: *„Macht dich das nicht traurig?"*

Mond: „Nein, denn ich bin ein Mond und kein Mensch, ich kann die Gefühle der Menschen erahnen, aber ich kann nicht genauso leiden oder lieben wie ihr. Menschliche Gefühle sind sehr kostbar, darum gehen sie auch nicht verloren und werden aufgehoben. Bei mir sind sie sicher, ich bin der „Hüter der Gefühle", wenn du so willst. Was aber nicht heißt, dass ich traurig bin, ich bin einfach sehr gerührt, wenn es um die Gefühle der Menschen geht."

Mondmädchen: *„Stimmt es, dass dein Mondstaub die menschliche Seele heilt?"*

Mond: „Ja, das stimmt, der Mondstaub ist über viele Tausend Jahre von den Gefühlen der Menschen angereichert worden und wirkt sehr heilsam auf sie."

Mondmädchen: *„Und warum gibt es dann nicht mehr Mondstaub auf der Erde, das wäre doch eine tolle Sache, auf einen Schlag wären alle Menschen glücklich!"*

Mond: „So einfach ist das auch wieder nicht. Der Mondstaub wird nur in Ausnahmesituationen von der Mondfee und den Mondelfen auf der Erde verteilt, auch das Mondtierchen arbeitet gerne mit Mondstaub, aber nur dann, wenn es Sinn ergibt, wenn die Menschen bereit sind, auch selbst etwas zu tun und sich zu ändern. Würden wir über die ganze Erde Mondstaub streuen, dann würden die Menschen aufhören, ihre Lektionen zu lernen. Etwas geschenkt zu bekommen, ist eine schöne Sache, doch ihr Menschen seid auf die Erde gekommen, um etwas zu lernen, da wäre es kontraproduktiv, wenn es für jedes Problem gleich eine Lösung in Form von Mondstaub gäbe. Und außerdem kann der Mondstaub nur jenen helfen, die reinen Herzens sind."

Mondmädchen: *"Zum Abschluss möchte ich dir noch eine ganz klassische Mondfrage stellen: Gibt es den Mann im Mond wirklich, oder ist es doch eher ein Hase, den viele Menschen auf der erdzugewandten Seite des Mondes zu sehen glauben?"*

Mond: „Das ist wieder so eine Frage, die ganz leicht zu beantworten ist. Jeder Mensch sieht in mir etwas anderes. Für den einen bin ich der Freund, weil er mich gerne ansieht, wenn ich so schön voll am Himmel stehe, und für den anderen bin ich der Feind, der ihn in der Nacht nicht schlafen lässt. So sehen die Menschen auch in meinen Mondflecken seit Menschengedenken, was sie sehen wollen. Die Fantasie der Menschen ist sehr vielfältig und das ist auch gut so. Ein Mensch ohne Fantasie ist wie eine Blume ohne Blüte. Ich freue mich auf alle Fälle, wenn mich die Menschen aufmerksam betrachten, sei es mit dem freien Auge oder mit einem Sternenteleskop."

Mondmädchen: *"Danke für das Gespräch!"*

Schlussbemerkung

Das Buch endet hier, jedoch nicht Ihre Erfahrungen rund um den lieben Mond. Es freut mich sehr, dass Sie mit mir und meinem Buch eine Reise zum Mond unternommen haben. Vielleicht haben Sie Neuigkeiten über unseren himmlischen Nachbarn erfahren und sehen den Mond jetzt in einem anderen Licht?

Ich freue mich über Ihr Feedback und Ihre Gedanken zum Buch. Wenn Sie mich daran teilhaben lassen möchten, dann schreiben Sie mir unter DieMaerchenfee@gmail.com eine E-Mail oder besuchen Sie mich auf meiner Homepage www.diemaerchenfee.at

Märchenhafte Grüße sendet Ihnen
Ihre
Nina Stögmüller

Foto: Robert Versic

Nina Stögmüller

Die begeisterte Schreiberin und Buchautorin arbeitet seit 20 Jahren im Pressebereich. Nach Stationen im OÖ. Landespressedienst und den Oberösterreichischen Landesmuseen ist Nina Stögmüller seit 2008 Pressesprecherin der VKB-Bank und leitet hier den Bereich Presse & PR. Die stellvertretende Sprecherin des Frauennetzwerkes im OÖ. Presseclub verfasst neben Märchen und Kurzgeschichten auch Gedichte und Kochrezepte. Weitere Infos unter www.diemaerchenfee.at

Literatur:

Brueton, Diana: *Der Mond-Mythos und Magie*, Wilhelm Heyne Verlag, 1991
Brunner, Bernd: *Mond – Die Geschichte einer Faszination*, Verlag Antje Kunstmann, 2011
Davis, Kenneth C.: *Woher kommt der Mann im Mond*, Verlagsgruppe Lübbe, 2003
Früh, Sigrid: *Der Mond – Märchen, Brauchtum, Aberglaube*, Stendel Verlag, 1999
Köthe, Rainer: *120 populäre Irrtümer über Sonne, Mond und Sterne*, Kosmos Verlag, 2005
Meinel, Gertraud: *Magischer Mond – Mythos, Märchen und Mirakel*, Thorbecke Verlag, 2007
Röthlein, Brigitte: *Der Mond – Neues über den Erdtrabanten*, dtv premium, 2008